冯友兰
著

一种人生观

台海出版社

图书在版编目 (CIP) 数据

一种人生观 / 冯友兰著 . -- 北京：台海出版社，2022.2（2023.3 重印）

ISBN 978-7-5168-3195-3

Ⅰ.①一… Ⅱ.①冯… Ⅲ.①冯友兰（1895-1990）- 人生哲学 Ⅳ.① B261.5

中国版本图书馆 CIP 数据核字 (2022) 第 016770 号

一种人生观

著　　　者：冯友兰	
出 版 人：蔡　旭	责任编辑：俞滟荣

出版发行：台海出版社
地　　址：北京市东城区景山东街 20 号　　邮政编码：100009
电　　话：010-64041652（发行，邮购）
传　　真：010-84045799（总编室）
网　　址：www.taimeng.org.cn/thcbs/default.htm
E - m a i l：thcbs@126.com

经　　销：全国各地新华书店
印　　刷：北京金特印刷有限责任公司
本书如有破损、缺页、装订错误，请与本社联系调换

开　　本：889 毫米 ×1194 毫米	1/32	
字　　数：64 千字		印　　张：4
版　　次：2022 年 2 月第 1 版		印　　次：2023 年 3 月第 2 次印刷
书　　号：ISBN 978-7-5168-3195-3		

定　　价：42.00 元

版权所有　　翻印必究

声音演绎文字之美·声音构筑文学世界·声音记录文化传承

● **如何收听《一种人生观》全本有声书？**

① 微信扫描左边的二维码关注"领读文化"公众号。
② 后台回复"一种人生观"，即可获取兑换券。
③ 扫描兑换券二维码，免费兑换全本有声书。

● **去哪里查看已购买的有声书？**

方法 ①
兑换成功后，收藏已购有声书专栏，
即可在微信收藏列表中找到已购有声书。

方法 ②
在"领读文化"公众号菜单栏点击"我的课程"，
即可找到已购有声书。

用 文 字 照 亮 每 个 人 的 精 神 夜 空

目录

一种人生观

引言

壹　人生之真相

贰　人生之目的

叁　活动与欲

肆　中和与通

伍　性善与性恶

陆　理智之地位

柒　诗与宗教

捌　内有的好与手段的好

玖　「无所为而为」与「有所为而为」

拾　人死

拾壹　余论

人生与哲学

壹	人生哲学之比较研究	049
贰	对于人生问题的一个讨论	066
叁	哲学与人生之关系（甲）	077
肆	哲学与人生之关系（乙）	082
伍	人生术	089
陆	论命运	094
柒	人生的意义及人生中的境界（甲）	100
捌	人生的意义及人生中的境界（乙）	105
玖	人生成功之因素	112

一种人生观

引言

民国十二年，中国思想界中的一件大事，自然要算所谓"人生观之论战"了。"丁在君先生的发难，唐擘黄先生等的响应，六个月的时间，二十五万字的皇皇大文"[1]，构成了这"论战"。而且"这一战不比那一战"，这"论战"里所包含的问题，据唐擘黄先生调查，共有一十三个之多[2]。因为所包含的问题多，所以这个"论战"格外热闹，但是因为太热闹了，所以"使读者'如堕五里雾中'，不知道论点所在"[3]。胡适之先生说："这一次为科学作战的人——除了吴稚晖先生——都有一个共同的错误，就是不曾具体地说明科学的人生观是什么，却抽象地力争科学可以解决人生观的问题。"[4] 不但如此，那一方面人也没有具体地说明非科学的人生观是什么，却也只抽象地力争科学不可以解决人生观的问题。张君劢先生说："同为人生，因彼此观察点不同，而意见各异。"[5] 他随后举了二十四种不同的意见，以为说明；但却没有具体地说明他"自身良心

---

[1]《科学与人生观》，胡序，16页。

[2] 见《科学与人生观》中唐钺《玄学与科学论争所给的暗示》，4—6页。

[3] 同上，6页。

[4]《科学与人生观》，胡序，10页。

[5]《科学与人生观》中张君劢《人生观》，1页。

之所命"的"直觉的"人生观是与何种相似。所以这次"论战"虽然波及的问题很多，而实际上没有解决一个问题。我这篇文是打算具体地说出"一种人生观"。至于这"一种人生观"与这些解决人生问题之方法，是"科学的"，或是"直觉的"，还请读者批评。

壹 人生之真相

人生之真相是什么？我个人遇见许多人向我问这个问题。陈独秀先生亦说："人生之真相，果何如乎？此哲学上大问题也。欲解决问题，仍尚非今世人智之所能。……"[1]这个"像煞有介事"的大问题，我以为是不成问题。凡我们见一事物而问其真相，必因我们是局外人，不知其中的内幕。报馆访员，常打听政局之真相；一般公众，也常欲知政局之真相。这是当然的，因为他们非政局之当局者。至于实际上的总统总理，却不然了。政局之真相，就是他们的举措设施；他们从来即知之甚悉，更不必打听，也更无从打听。这是一个极明显的比喻。说到人生，亦复如是。人生之当局者，即是我们人。人生即是我们人之举措设施。"吃饭"是人生，"生小孩"是人生，"招呼朋友"也是人生。艺术家"清风明月的嗜好"是人生，制造家"神工鬼斧的创作"是人生，宗教家"覆天载地的仁爱"也是人生。[2] 问人生是人生，讲人生还是人生，这即是人生之真相。除此之外，更不必找人生之真相，也更无从找人生之真相。若于此具体

---

[1]《独秀文存》，卷一，12页。

[2] 这几个名词，见吴稚晖先生《一个新信仰的宇宙观及人生观》。

的人生之外,必要再找一个人生真相,那真是宋儒所说"骑驴觅驴"了。我说:"人生之真相,即是具体的人生。"

贰、人生之目的

不过如一般人一定不满意于这个答案。他们必说:"姑假定人生之真相,即是具体的人生,但我们还要知道为什么有这个人生。"实际上一般人问"人生之真相,果何如乎"之时,他们心里所欲知者,实即是"为什么有这个人生"。他们非是不知人生之真相,他们是要解释人生之真相。哲学上之大问题,并不是人生之真相之"如何"——是什么,而乃是人生之真相之"为何"——为什么。

不过这个"为"字又有两种意思:一是"因为",二是"所为",前者指原因,后者指目的。若问:"因为什么有这个人生?"对于这个问题,我们也只能说:"人是天然界之一物,人生是天然界之一事。"若要说明其所以,非先把天然界之全体说明不可。现在我们的知识,既然不够这种程度,我这篇小文,尤其没有那个篇幅。所以这个问题,只可存而不论。现在一般人所急欲知者,也并不是此问题,而乃是人生之所为——人生之目的。陈独秀先生说:"人生在世,究竟为的什么?究竟应该怎样?这两句话实在难回答得很。我们若是不能回答这句话,糊糊涂涂过一生,岂不是太无意识了吗?"[1] 很有许多人以为:我们若找不出

---

[1]《独秀文存》,卷一,181页。

人生之目的，人生即没有价值，就不值得生。我现在的意思以为：人生虽是人之举措设施——人为所构成的，而人生之全体，却是天然界之一件事物。犹之演戏，虽其中所演者都是假的，而演戏之全体，却是真的——真是人生之一件事。人生之全体，既是天然界之一件事物，我们即不能说他有什么目的，犹之乎我们不能说山有什么目的，雨有什么目的一样。目的和手段，乃是我们人为的世界之用语，不能用之于天然的世界——另一个世界。天然的世界以及其中的事物，我们只能说他是什么，不能说他为——所为——什么。有许多持目的论的哲学家，说天然事物都有目的。亚里士多德说："天地生草，乃为畜牲预备食物；生畜牲，乃为人预备食物或器具。"（见所著《政治学》）不过我们于此，实在有点怀疑。有人嘲笑目的论的哲学家说："如果什么事都有目的，人所以生鼻，岂不也可以说是为架眼镜吗？"目的论的说法，我觉得还有待于证明。

况且即令我们采用目的论的说法，我们也不能得他的帮助，即令我们随着费希特（Fichte）说"自我实现"，随着柏格森（Bergson）说"创化"，但我们究竟还不知那"大意志"为——所为——什么要实现，要创化。我们要一定再往下问，也只可说："实现之目的，就是实现；创化之目的，就是创化。"那么，我们何必多绕那个弯呢？我们简直说人生之目的就是生，不就完了吗？唯其人生之目的就是生，所以平常能遂其生的人，都不问为——所为——什么要生。庄子说："夔谓蚿曰：'吾以一足趻踔而行，予无如矣。今子之使万足，独奈何？'蚿曰：'不然，子不见夫唾者乎？喷则大者如珠，小者如雾，杂而下者，不可胜数也。今予动吾天机，而不知其所以然。'蚿谓蛇曰：'吾以万足行，而不及子之无足，何也？'蛇曰：'夫天机之所动，何可易耶？吾安用足哉？'"（《秋水》）"动吾天机，而不知其所以然"，正是一般人之生活方法。他们不问人生之目的是什么，而自然而然地去生；其所以如此者，正因他们的生之目的已达故耳。若于生之外，另要再找一个人生之目的，那就是庄子所说："泉涸，鱼相与处于陆，相呴以湿，相濡以沫，不如相忘于江湖。"（《天运》）

不过若有人一定觉得若找不出人生之所为，人生就是空虚，就是无意义，就不值得生，我以为单从理论上不能说他不对。佛教之无生的人生方法，单从理论上，我们也不能证明他是错误。若有些对于人生有所失望的人，如情场失意的痴情人之类，遁入空门，借以做个人生之下场地步，或有清高孤洁之士，真以人生为虚妄污秽，而在佛教中另寻安身立命之处；我对于他们，也只有表示同情与敬意。即使将来世界之人，果如梁漱溟先生所逆料，皆要皈依印度文化，我以为我们也不能说他们不对。不过依我现在的意见，这种无生的人生方法，不是多数人之所能行。所以世上尽有许多人终日说人生无意义，而终是照旧去生。有许多学佛的和尚居士，都是"无酒学佛，有酒学仙"。印度文化发源地之印度，仍是人口众多，至今不绝。所以我以为这种无生的人生方法，未尝不是人生方法之一种，但一般多数人自是不能行，也就无可如何了。

叁、活动与欲

人生之目的是"生","生"之要素是活动。有活动即是生,活动停止即是死。不过此所谓活动,乃依其最广之义。人身体的活动,如穿衣走路等,心里的活动,如思维想象等,皆包括在内。

活动之原动力是欲。此所谓欲,包括现在心理学中所谓冲动及欲望。凡人皆有一种"不学而能"的原始的活动,或活动之倾向,即是所谓本能或冲动。冲动是无意识的:虽求实现,而不知所实现者是什么;虽系一种要求,而不知所要求者是什么。若冲动而含知识因素,不但要求,而且对于所要求者,有相当之知识,则即是所谓欲望。冲动与欲望虽有不同,而实属一类。中国之欲字,似可包括二者,比西洋所谓欲望,范围较大。今此所谓欲,正依其最广之义。人皆有欲,皆求满足其欲。种种活动,皆由此起。

近来颇有人说:情感是吾人活动之原动力。如梁任公先生[1]说:"须知理性是一件事,情感又是一件事。理性只能叫人知道某件事该做,某件事该怎样做法,却不能叫人去做事;能叫人去做事的,只有情感。我们既承认世界事要人去做,就不能不对于情感这样东西十分尊重。既已尊

---

[1] 即梁启超。——编者注

重情感，老实不客气，情感结晶，便是宗教化。一个人做按部就班的事，或是一件事已经做下去的时候，其间固然容得许多理性作用。若是发心着手做一件顶天立地的大事业，那时候，情感便是威德巍巍的一位皇帝，理性完全立在臣仆的地位。情感烧到白热度，事业才会做出来。那时候若用逻辑方法，多归纳几下，多演绎几下，那么，只好不做罢了。人类所以进化，就是靠这种白热度情感发生出来的事业。这种白热度情感，吾无以名之，名之曰宗教。"[1]

关于理性及宗教，下节另有讨论。今姑先问：能叫人去做事的，果是而且只有情感吗？依现在心理学所说：情感乃是本能发动时所附带之心理情形。"我们最好视情感为心理活动所附带之'调'（tone），而非一心理历程（mental process）。""自根本上言之，人之心，与动物之心，终是一复杂之机器，以发动及施行动作——以做事。凡诸活动，皆依此看，方可了解。"[2] 情感与活动固有连带之关系，然

---

[1] 梁启超：《学术讲演集第一辑》，75页。
[2] 坦斯利：《新心理学》（A. G. Tansley: *The New Psychology*）第一版，63页。

情感之强弱,乃活动力之强弱之指数(index)[1],而非其原因。若以指数为原因,则岂不即如以寒暑表之升降为气候热冷之原因吗?

---

[1] 坦斯利:《新心理学》(A. G. Tansley: *The New Psychology*)第一版,63页。

肆＼中和与通

假使人之欲望皆能满足而不自相冲突，此人之欲与彼人之欲，也皆能满足而不相冲突，则美满人生，当下即是，更无所人生问题，可以发生。但实际上欲是互相冲突的。不但此人之欲与彼人之欲，常互相冲突，即一人自己之欲，亦常互相冲突。所以如要个人人格，不致分裂，社会统一，能以维持，则必须于互相冲突的欲之内，求一个"和"。"和"之目的，就是叫可能的最多数之欲，皆得满足。所谓道德及政治上社会上所有的种种制度，皆是求"和"之方法。他们这些特殊的方法，虽未必对，而求"和"之方法，总是不可少的。

道德上之所谓"和"，正如知识上所谓"通"。科学上一个道理，若所能释之现象愈多，则愈真；社会上政治上一种制度，若所能满足之欲愈多，则愈好。譬如现在我们皆承认地是圆，而否认地是方的。所以者何？正因有许多地圆说所能解释之现象，地方说不能解释；而地方说所能解释之现象，地圆说无不能解释者。地圆说较真，正因其所得之"通"较大。又譬如现在我们皆以社会主义的社会制度比资本主义的社会制度为较优，所以者何？正因有许多社会主义的社会制度所能满足之欲，资本主义的社会制度不能满足；而资本主义的社会制度所能满足之欲，社会主义的社会制度皆能满足（或者有少数的例外）。社会主义的社会制度较好，正因其所得之"和"较大。依此说，我们可得一具体的标准，以判定一学说或一制度之真伪或好坏。他们的好或真之程度，全视他们所得之"和"或"通"之大小而定，亦可说是视他们的普遍性之大小而定。"四书"说"天下之达德""天下之达道""天下之通义"，特提出"达""通"来，可见道德之普遍性之可贵了。

伍、性善与性恶

哲学家常有以"人心""道心""人欲""天理"对言。性善性恶，亦为中国几千年来学者所聚讼之一大公案。我以上专言欲，读者必以为我是个"不讲理的戴东原"[1]，专主"人欲横流的人生观"[2]了。我现在把我的意思申言之。我以为欲是一个天然的事物，它本来无所谓善恶，他自是那个样子。他之不可谓为善或恶，正如山水之不可谓为善或恶一样。后来因为欲之冲突而求和，所求之和，又不能尽包诸欲，于是被包之欲，便幸而被名为善，而被遗落之欲，便不幸而被名为恶了。名为善的，便又被认为天理；名为恶的，又被认为人欲。天理与人欲，又被认为先天根本上相反对的东西，永远不能相合。我以为除非能到诸欲皆相和合之际，终有遗在和外之欲，因之善恶终不可不分。不过若认天理人欲为根本上相反对，则未必然。现在我们的道德及种种制度，皆日在改良。若有一个较好的制度，就可得到一个较大的和。若所得到之和较大一分，所谓善就添一分，所谓恶就减一分，而人生亦即随之较丰富，较美满一分。譬如依从前之教育方法，儿童游戏是恶，在严

---

[1] 胡适之先生语。
[2] 吴稚晖先生语。

禁之列，而现在则不然。所以者何？正因依现在之教育方法，游戏也可包在其和之内故耳。假使我们能设法得一大和，凡人之欲，皆能包在内，"并育而不相害"，"并行而不相悖"，则即只有善而无恶，即所谓至善；而最丰富最美之人生，亦即得到矣。至于人类将来果能想出此等办法，得到此等境界与否，那是另一问题了。

陆、理智之地位

以上所说，是中、和、通之抽象的原理。至于实际上具体的中、和、通，则需理智之研究，方能得到。譬如"饮酒无量，不及乱"，虽仅有关于个人，而若能知如何是乱，则亦已牵及过去经验，一牵及过去经验，便有推理作用。至于我之自由，究竟若何方不侵犯他人之自由，以及社会上政治上诸种制度之孰好孰不好，则更非理智对于各方情形具有切实的研究不能决定。儒家书中，每说"时中"，盖以"中"为随时而异。如此则理智尤必须对于"时"有精确的知识，方能使我们知道如何为"中"。理智在人生之地位及其功用，在引导诸欲，一方面使其能得到满足，一方面使其不互相冲突。理智无力，欲则无限。

梁漱溟先生近来提倡孔家哲学。孔子也讲中和，不过梁先生说："如是之中或调和，都只能由直觉去认定。到中的时候，就觉俨然真是中，到不调和的时候，就俨然确是不调和。这非理智的判断，不能去追问其所以，或认定就用理智顺着往下推。若追问或推理，便都破坏牴牾讲不通了。"[1] "于是我们再来看孔子从那形而上学所得的另一道理。他对这个问题，就是告诉你最好不要操心。你的根本

---

[1] 梁漱溟：《东西文化及其哲学》再版，177页。

错误就在于找个道理打量计算着去走。若是打量计算着去走，就调和也不对，不调和也不对，无论怎样都不对；你不打量计算着去走，就通通对了。人自然会走对的路，原不需你操心打量的。遇事他便当下随感而应，这随感而应，通是对的。要于此外求对，是没有的。"[1] "孔家本是赞美生活的，所有饮食男女本能的情欲，都出于自然流行，并不排斥，若能顺理得中，生机活泼，更非常之好的；所怕理智出来分别一个物我，而打量计较，以致直觉退位，成了不仁。"[2] 所有饮食男女本能的情欲，都出于自然流行，若能顺理得中，生机活泼，更非常之好，正是本文所主张者。其与梁先生所说不同之点，即在本文以为中和是"理智的判断"之结果，而梁先生则以为"只能由直觉去认定"。

关于梁先生所说，有两个问题：一、梁先生所说，果是不是孔子所说；二、梁先生所说，实际上果对不对。我们现在既非讲中国哲学史，故可专就第二问题，加以讨论。梁先生所以主张直觉能认定中和者，其根本的假定（不说是孔子之根本的假定者，因第一问题，未曾解决，故未可

---

[1] 梁漱溟：《东西文化及其哲学》再版，183—184页。
[2] 同上，188页。

即归孔子）是：宇宙大化"是不断地往前流，往前变化；又调和与不调和不能分开，无处无时不是调和，亦无处无时不是不调和者"[1]。"我们人的生活更是流行之体，他自然走他那最对，最妥帖，最适当的路。他那遇事而感而应，就是个变化。这个变化自要得中，自要调和，所以其所应无不恰好。所以儒家说'天命之谓性，率性之谓道'，只要你率性就好了。"[2] 这就是梁先生主张直觉生活的理论。直觉不会错的。以人之生活，自然走最对的路，而直觉又是其自然的、直接的表现故。我以为人是要走那"最对，最妥帖，最适当的路"。"仁人之所忧，任士之所劳"，都是因为要走那条路。但是必待于他们去忧去劳，即足见人不能"自然"走那条路。梁先生以为人之所以不自然走那条路者，由于人"打量计算着走"，不凭直觉。但姑即假定"打量计算着走"为不对，但自"无始以来"，人既多"打量计算着走"，即又足以证明人不能"自然"走那最对的路。人既不能"自然"走那最对的路，我们何以敢断定其"所应无不恰好"呢？梁先生必以为人之所以"打量计算着走"

---

[1] 梁漱溟：《东西文化及其哲学》再版，173页。
[2] 同上，184页。

者，因为人不凭直觉；不过梁先生所谓直觉之存在，正赖人之自然走最对的路为大前提。若大前提非事实——无论其因何而非事实——则断案之非事实，亦即随之了。

假使我们都如小说上所说的神仙，想要什么立时就有什么，诸欲既能随时满足而又不相冲突，则当下即是美满人生，当然可专凭直觉，但其时也就无人谈起直觉了。但无论若何乐观的人，他总不能说我们现在的人生，就是这样美满。诸欲不易满足而又互相冲突，已如上述。即世界志士仁人所提倡之人生方法，亦五光十色，令人目眩。于此而有种种人生问题，于此而欲解决此种问题，若不依理智，将何依呢？即梁先生于诸种人生态度之中选出直觉，以为我们行为之指导者，但其所以选出直觉者，仍是理智研究之结果，一部《东西文化及其哲学》仍是理智之产物。姑即认直觉生活之果可贵，但吾人所以知直觉可贵，理智之可贱者，仍是理智。吾人或选理智，以解决人生问题；或选直觉，以解决人生问题。所选虽不同，而选者则一——同是理智。由此则可知理智在人生之地位了。

梁先生说："一般人总要推寻定理，若照他那意思看，孔家所谓'钓而不网，弋不射宿'，'君子远庖厨'，未免不通。既要钓何如网，既不网也就莫钓，既要弋就射宿，既不射宿也就莫弋，既不忍食肉就不要杀生，既杀生又何必远庖厨。"[1]我以为既不必诉于直觉，也不见得此种办法不通。我们对于牛羊，一方面"悯其无罪而就死地"，而不欲杀之，一方面要食其肉而欲杀之。两方冲突，故有此种"掩耳盗铃"自欺欺人之办法以调和之。"君王掩面救不得，回看血泪相和流。"唐明皇何必掩面（姑假定他真会掩面，一笑）？掩面又何救于太真之死？但他不愿见其死，故佯若不见。据近来析心术派的心理学讲，人自己哄自己之事甚多，因人生不少不如意事，若再不自己哄自己；使不能满足之欲，得以发泄，则人生真要"凶多吉少"了。

---

[1]　梁漱溟：《东西文化及其哲学》再版，182页。

柒 诗与宗教

诗对于人生之功用——或其功用之一——便是助人自欺。"用尽闺中力,君听空外音。"闺中捣衣之声,无论如何大,空外岂能听见?明知其不能听见,而希望其能听见,诗即因之作一自己哄自己之语,使万不能实现之希望,在幻想中可以实现。诗对于宇宙及其间各事物,皆可随时随地,依人之幻想,加以推测解释,亦可随时随地,依人之幻想,说自己哄自己之话。此诗与散文根本不同之处。

《中庸》说:"所谓诚其意者,毋自欺也。"历来道德家多恶自欺。不过自欺于人,亦是一种欲。依上所说,凡欲苟不与他欲冲突,即不可谓之恶。小孩以竹竿当马,岂不知其非真马?但姑且自以为真马,骑而游行,自己喜笑,他人也顾而乐之。其所以可乐,正在彼虽以竹竿为马,而仍自认其非真马。人生之有诗,亦如小孩之有游戏。诗虽常说自己哄自己之话,而仍自认其为自己哄自己,故虽离开现实,凭依幻想,而仍与理智不相冲突。诗是最不科学的,而在人生,却与科学并行不悖,同有其价值。

宗教[1]亦为人之幻想之表现,亦多讲自己哄自己之道理。其所以与诗异者,即在其真以幻想为真实,说自己哄

---

[1] 迷信即宗教之较幼稚者,今姑以宗教兼言之。

自己之话，而不自认其为自己哄自己。故科学与宗教，常立于互相反对之地位。若宗教能自比于诗，而不自比于科学，则于人生，当能益其丰富，而不增其愚蒙。蔡子民先生祭蔡夫人文："死而有知耶？吾决不敢信。死而无知耶？吾为汝故而决不敢信。"[1] 因所爱者之故，而信死者之有知，而又自认其所以信死者之有知，乃为因所爱者之故。这便是诗的态度，而非宗教的态度。若所信可以谓之宗教，则其所信即是诗的宗教，亦即合理的宗教。

近来中国有非宗教运动，其目的原为排斥帝国主义的耶教[2]，其用意我也赞成。至于宗教自身，我以为只要大家以诗的眼光看它就可以了。许多迷信神话，依此看法，皆为甚美。至于随宗教以兴之建筑、雕刻、音乐，则更有其自身之价值。若因宗教所说，既非真实，则一切关于宗教之物，皆必毁弃，则即如"煮鹤焚琴"，不免"大伤风雅"了。

孔子对于宗教的态度，似乎就是这样。《论语》云："祭如在，祭神如神在。""如"字最妙。《礼记·祭统》云："夫

---

[1] 原文记不甚清，大概如是。
[2] 指基督教，后文同此。——编者注

祭者，非物自外至者也，自中出于心也。"又《祭义》云："斋之日，思其居处，思其笑语，思其志意，思其所乐，思其所嗜。斋三日，乃见其所为斋者。祭之日，入室，僾然必有见乎其位；周还出户，肃然必有闻乎其容声；出户而听，忾然必有闻乎其叹息之声。"此皆可为"如神在"三字之注释。

捌、內有的好與手段的好

凡欲，就其本身而言，皆不为恶。凡能满足欲者，就其本身而言，皆可谓之"好"[1]。就原理上讲，凡好皆好。有许多好，我们常以为恶者，乃因其与别种好有冲突，而未被包在和之内，非其本身有何不好也。再分之，好可有两种：一种是内有的好（intrinsic good），一种是手段的好（instrumental good）。凡事物，其本身即是可欲的，其价值即在其本身，我们即认其为有内有的好。本章开头所说之好，即是此种。严格地说，唯此种方可谓之好。不过在我们这个世界，有许多内有的好，非用手段不能得到。凡事物，我们要用之为手段以得到内有的好者，我们即认其为有手段的好。换句话说：内有的好，即欲之目的之所在；手段的好，非欲之目的之所在，但我们可因以达目的者。唯其如此，所以世上什么事物为有内有的好，什么事物为有手段的好，完全没有一定（除少数例外）。譬如我们若以写字为目的，则写字即为内有的好；但我们若给朋友写信，则写字即成为手段的好。大概我们人生之一大部分的苦痛，即在许多内有的好，非因手段的好不能得到，而手段的好，

---

[1] 此所谓好，即英文之 good，谓之善亦可。不过"善"字所含之道德的意义太重，只是好之一种，不足以尽其义。如欲用"善"字，则必取孟子所说"可欲之谓善"之义。

又往往枯燥无味。又一部分的苦痛，即在用尽枯燥无味的手段，而目的仍不能达到，因之失望。但因为我们的欲很多，世上大部分的事物，都可认为有内有的好。若我们在生活中，将大部分手段的好，亦认为内有的好，则人生之失望与苦痛，就可减去一大部分。"君子无入而不自得焉"，正因多数的事物，都可认为有内有的好，于其中都可"自得"。这也是解决人生问题之一个方法。

玖、『无所为而为』与『有所为而为』

近来国内一般人盛提倡所谓"无所为而为",而排斥所谓"有所为而为"。用上所说之术语言之"有所为而为",即是以"所为"为内有的好,以"为"为手段的好;"无所为而为",即是纯以"为"为内有的好。按说"为"之自身,本是一种内有的好。若非如老僧入定,人本来不能真正无为。人终是动物,终是要动的。所以监禁成一种刑罚,闲人常要"消闲",常要游戏。游戏即是纯以"为"为内有的好者。

人事非常复杂,其中固有一部分只可认为有手段的好者;然亦有许多,于为之之际,可于"为"中得好。如此等事,我们即可以游戏的态度做之。所谓以游戏的态度做之者,即以"为"为内有的好,而不以之为手段的好。我们虽不能完全如所谓神仙之"游戏人间",然亦应多少有其意味。

不过所谓以游戏的态度做事者,非随便之谓。游戏亦有随便与认真之分,而认真游戏每较随便游戏为更有趣味,为更能得到"为之好"。国棋不愿与臭棋下,正因下时不能用心,不能认真故耳。以认真游戏的态度做事,亦非做事无目的、无计划之谓。成人之游戏,如下棋、赛球、打猎之类，固有目的、有计划，即烂漫天真的小孩之游戏，如捉迷藏之类，亦何尝无目的、无计划？无目的、无计划之"为"，如纯粹冲动及反射运动，虽"行乎其所不得不行，止乎其所不得不止"，然以其无意识之故，于其中反不能得"为之好"。计划即实际活动之尚未有身体的表现者，亦即"为"之一部分；目的则是"为"之意义。有目的计划，则"为"之内容，方愈丰富。

依此所说，则欲"无所为而为"，正不必专依情感或直觉，而排斥理智。有纯粹理智之活动，如学术上的研究之类，多以"为"为内有的好；而情感之发，如恼怒愤恨之类，其态度全然倾注于对象，正与纯粹理智之态度相反。亚里士多德以为人之幸福，在于其官能之自由活动，而以思考——纯粹的理智活动为最完善的、最高的活动。（见所著《伦理学》）其说亦至少有一部分之真理。功利主义固重理智，然以斥功利主义之故，而必亦斥理智，则未见其对。功利主义必有所为而为，其弊在完全以"为"为得"所为"之手段。今此所说，谓当以"所为"为"为"之意义。换言之：彼以"为"为手段的好，以"所为"为内有的好；此则以"为"为内有的好，而以"所为"为使此内有的好

039

玖／"无所为而为"与"有所为而为"

内容丰富之意义。彼以理智的计划为实际的行为之手段，而此则以理智的计划，及实际的行为，同为一"为"，而丰富其内容。所以依功利主义，人之生活，多枯燥——庄子所谓"其道大觳"——而重心偏倚在外。依此所说，则人生之生活，丰富有味，其重心稳定在内。[1]

不过欲使人人皆持此态度，则颇非易事。"今也制民之产，仰不足以事父母，俯不足以畜妻子，乐岁终身苦，凶年不免于死亡。此惟救死而恐弗赡"，奚暇以游戏的态度做事哉？一个跑得汗流浃背、气喘吁吁的人力车夫，很难能以他的"为"为内有的好；非其人生观不对，乃是势使之然。我希望现之离开物质生活专谈所谓"精神生活"者，于此留意。

---

[1] 所谓重心在内在外，用梁漱溟先生语。

拾一 人死

人死为人生之反面，而亦人生之一大事。"大哉死乎"，古来大哲学家多论及死。柏拉图且谓学哲学即是学死。(见*Phaedo*)人都是求生，所以都怕死。究竟人死后是否断灭？对此问题，现在吾人只可抱一怀疑态度。有所谓长生久视之说，以为人之身体，苟加以修炼，可以长生不老，此说恐不能成立。不过人虽不能长生，而确切可以不死；盖其所生之子孙，即其身之一部继续生活者，故人若有后，即为不死。非仅人为然，凡生物皆系如此，更无须特别证明。柏拉图谓人不能长生，而却得长生之形似，男女之爱，即所以得长生之形似者。故爱之功用，在令生死无常者长生，而使人为神。后来叔本华论爱，更引申此义。儒教之注重"有后"，及重视婚礼，其根本之义，似亦在此。孔子曰："天地不合，万物不生。大昏，万世之嗣也，君何谓已重焉？"(《礼记·哀公问》)孟子曰："不孝有三，无后为大。"这些话所说，若除去道学先生之陈腐解释，干脆就是吴稚晖先生所说之"神工鬼斧的生小孩人生观"了。

又有所谓不朽者，与不死略有不同。不死是指人之生活继续；不朽是指人之曾经存在，不能磨灭者。若以此义解释不朽，则世上凡人皆不朽。盖某人曾经于某时生活于某地，乃宇宙间之一件固定的事情，无论如何，不能磨灭。唐虞时代之平常人，与尧舜同一不磨灭，其差异只在受人知与不受人知。亦犹现世之人，同样生存，而因受知之范围之小大，而有小大人物之分。然即至小之人物，我们也不能说他不存在。中国人所谓有三不朽：太上有立德，其次有立功，其次有立言。能够立德、立功、立言之人，在当时因受知而为大人物，在死后亦因受知而为大不朽。大不朽是难能的。若仅仅只一个不朽，则是人人都能有而且不能不有的。又所谓"流芳百世，遗臭万年"，其大不朽之程度，实在都是一样。岳飞与秦桧一样地得到大不朽，不过一个大不朽是香的，一个是臭的就是了。

拾壹 余论

一个完全的人生观，必须有一个完全的宇宙观以为根据。此文所根据之宇宙观，我现尚未敢把它有系统地写出，只可俟以后研究有得，再行发表。

梁漱溟先生的见解，与我的见解很有相同之处。读者可看1922年4月《国际伦理学杂志》（*The International Journal of Ethics*, Vol. XXXⅡ. No.3）中我的《中国为何无科学》（"Why China Has No Science, Etc."）一文，以及我将要出版的《人生观之比较研究》，便知分晓。不过他的直觉说我现在不敢赞成。因为梁先生的学说，在现在中国是一个有系统的有大势力的人生哲学。我起草本文，又正在他的学说最流行之地（山东省立第六中学），故我于本文，对于他所说直觉有所批评。亚里士多德说："朋友与真理，皆我们所亲爱者，但宁从真理，乃是我们的神圣的义务。"（见所著《伦理学》）至于我所说者，是否真理，则须待讨论，方能明白。我只希望我没有误会了梁先生的意思。我的批评，可以算是一个同情的讨论。

我觉得近来国内浪漫派的空气太盛了，一般人把人性看得太善了。这种"天之理想化与损道"[1]的哲学，我以为也有它的偏见及危险。

---

[1] 此名系我在我的《人生观之比较研究》中所用。

人生与哲学

壹、人生哲学之比较研究——一名天人损益论

序言

《人生哲学之比较研究》,是我在纽约哥伦比亚大学时所作之博士论文。我回国以后,很想把它赶紧用中文写出发表,无奈总是没有得到工夫。所以一面把此书之英文本先行出版,一面趁机会先发表此文,以为全书之前驱。

再须声明者,即此书本应名为《人生理想之比较研究》,因为普通多以哲学为大名,而以人生哲学为其一部。而此书以为哲学之目的在确定"理想人生",故哲学即是"人生理想"。故不应于哲学之外,再立人生哲学之名。不过"人生理想"一词,在中文尚未甚通行,在一般人心中,不易引起何种感想,故此书名中仍用"人生哲学"一词。在中国现在流行诸名词中,此一词含义尚与"人生理想"相近。

近年来,学问界中最流行的,大概即所谓文化问题了。自有所谓新文化运动以来,我们时常可在口头上听到,或在文字上看见"文化""文明""东西文化"等名词,及关于它们之讨论。我们生在这个欧亚交通的时代,有过许多前人所未有之经验,见过许多前人所未见之事物。这些事物，大约可分为两种：一种是我们原有者，一种是西洋新来者。它们是很不相同，而且往往更相矛盾，相冲突。因此，我们之要比较、批评、估量它们，乃是一种自然的趋势。"人生理想之比较研究"，便是此种趋势之产物。

一、对于唯物史观之批评

历史有二义：一是指事情之自身，一是指事情之纪述。换言之，所谓历史者，或即是其主人翁之活动之全体，或即史学家对于此活动之纪述。历史哲学所说之历史，即依其第一义。一民族之历史，是常变的，而各民族之历史，又极不相同。有一派历史哲学，"相信只有客观的物质原因，可以变动社会，可以解释历史，可以支配人生观，这便是'唯物的历史观'"[1]。陈独秀先生又说："唯物史观的哲学，也并不是不重视思想文化宗教道德教育等心的现象之存在，唯只承认它们都是经济基础上面之建筑物，而非基础之本身。"[2] 近年来，马克思的经济史观，随着他的社

---

[1] 《科学与人生观》，陈独秀序，2页。
[2] 同上，37页。

会主义，在中国颇为流行。我以为一时代的经济情形，对于其时代之文化等，甚有影响。此诚无人否认。然吾人试想，于天空地阔之天然界内，以何因缘，忽有所谓经济情形？沙漠与森林，同为天然界之物，何以其一无经济的价值，而其他则有？假使宇宙之内本无人类，则恐只有天然情形，而无所谓经济情形，而所谓经济的价值，更无由成立。一切事物，必依其对于人之物质的需要及欲望之关系，始可归之于经济范围之内。故凡言经济，则已承认有"心的现象"——欲望等之先行存在。人皆求生活，而又求好的生活——幸福，以及最好的生活——最大的幸福。凡人所做之事物，如所谓经济、宗教、思想、教育等，皆所以使人得生活或好的生活者。陈独秀先生以知识思想言论教育等皆经济的儿子。[1] 以我之见，则经济及知识思想言论教育等皆人之欲之儿子。人因有欲，所以活动，此活动即是历史，而经济知识等，则历史各部分之内容。实际上之历史如是，所以史学家写出之历史，亦有通史，有专史。通史之对象，即是上述之历史；专史之对象，即上述历史各部分之内容。

---

[1] 《科学与人生观》，陈独秀序，41页。

至于地理气候等，于历史自有相当影响，但此等环境，皆所以使历史可能，而非所以使历史实现。它们如戏台，虽为唱戏所必需之情形，然非唱戏之原因。梁漱溟先生《东西文化及其哲学》内，关于此点，大有争论。不过梁先生于彼有"大意欲"之假定，我此书则但以人之欲为历史之实现者。"大意欲"是个宇宙的原理，其存在是一部分哲学家之假定；人之欲是心理的现象，其存在是人人所公认的事实。

二、哲学之目的

最好的生活，即所谓理想人生（ideal life）。最大的幸福，即所谓唯一的好（the good）。关于好之意义，在《一种人生观》一文中已详。今但说：若使此世诸好，人皆能得到，而不相冲突，则人生即无问题发生。如"腰缠十万贯，骑鹤下扬州"，果为可能之事，则理想人生，当下即是，而亦即无人再问何为理想人生。无奈此诸种之好，多不相容。于是人乃于诸好之中，求唯一的好，于实际人生之外，求理想人生。哲学之功用及目的，即在确立一理想人生，以为批评实际人生，及吾人行为之标准。哲学即所谓"人生理想"（life ideal）。

哲学与科学之区别，即在科学之目的在求真，而哲学之目的在求好。近人对于科学与哲学所以不同之处，有种种说法。有谓哲学与科学之区别，在其所研究之对象不同，例如哲学之所研究，乃系宇宙之全体，而科学之所研究，乃系宇宙之一部。然宇宙之全体，即其各部所集而成。科学既将宇宙各部皆已研究，故哲学即所以综合各科学所得不相联之结论，而成为有系统的报告。然如此则所谓哲学者，不过一有系统之"科学概论""科学大纲"而已。"科学大纲"名曰哲学，虽无不可；然此所谓哲学，实与希腊罗马以来所谓哲学意义大别。又有所谓哲学与科学之区别，在其方法不同。科学的方法，是逻辑的，是理智的；哲学的方法，是直觉的，是反理智的。不过关于所谓直觉，现在方多争论。我个人以为凡所谓直觉、顿悟、神秘等经验，虽有其甚高的价值，但不必以之混入求知识之方法之内。无论哲学科学，皆系写出或说出之道理，皆必以"严刻的理智态度"表出之。其实凡著书立说之人，无不如此。故佛家之最高境界，虽"不可说，不可说"，而有待于证悟，然其因明论理与唯识心理，仍是"严刻的理智态度，走科学的路"。故谓以直觉为方法，吾人可得到一种神秘经验［此经验果与"实在"（reality）符合否是另一问题］则可；谓以直觉为方法，吾人可得到一种哲学则不可。换言之，直觉能使吾人得到一种经验，而不能使吾人得到一个道理。一个经验之本身，无所谓真妄。一个道理，是一个判断，判断必合逻辑。各种学说之目的，皆不在叙述经验，而在成立道理。故其方法，必为逻辑的、科学的。近人不明此故，于科学方法，大有争论；其实所谓科学方法，实即吾人普通思想之方法之较认真较精确者，非有何奇妙也。唯其如是，故反对逻辑及科学方法者，其言论"仍旧不曾跳出赛先生和逻辑先生的手心里"[1]。以此之故，我虽承认直觉等经验之价值，而不承认其为哲学方法。

我个人所认为哲学之功用及目的，既如上述，则其与科学之不相同，显然易见。如此说法，并不缩小哲学之范围。哲学之目的，既在确定一理想人生，以为吾人在宇宙间应取之模型及标准，则其对于宇宙间一切事物，以及人生一切问题，当然皆须有甚深研究。故凡一哲学，必能兼

---

[1] 胡适之先生说张君劢语。

包一切；而一真正哲学系统，必如一枝叶扶疏之树，于其中宇宙观、人生观等，皆首尾贯彻，打成一片。本书中所述十余家之哲学，莫不如是。若一细看，便可了然。

三、理想与行为

近人皆以真好美（truth, good, beauty）[1]并称，而实不然。吾人若以真美为好，必吾人先持一种哲学，其所认为之唯一的好，包有真美二者。如吾人从宋儒之说，以研究外物为玩物丧志，则吾人当然即无有科学以求真，亦不注重美术以求美。今人动以真与美之为好为不成问题，盖吾人生存于时代空气之内，已持一种哲学而不自觉耳。

梁漱溟先生说胡适之先生主张"零碎观"[2]。胡先生于《读东西文化及其哲学》中说："人类的生理的构造根本上大致相同，故在大同小异的问题之下，解决的方法，也不出那大同小异的几种。这个道理，叫作'有限的可能说'。"[3]

---

[1] 普通作真善美，然善义太狭，不足以尽 good 之义，前已详。

[2] 见民国十二年十一月十六日《晨报副刊》。

[3] 载于《读书杂志》第八期。

以下他列举诸种问题，如饥饿的问题、御寒的问题、家庭的组织等，好像是各有各的解决，绝不相谋。我以为人对于各种问题之解决方法，皆因其所持之哲学不同而异。如有人以生活之充分的发展为最高的满足，当然他对于一切问题，有一种解决方法。又如人以"无生"为最高的满足，当然他对于一切问题，又有一种解决方法。故如饥饿的问题，有如杨朱派之大吃狂饮解决之者，有如和尚之以仅食植物解决之者，有如印度"外道"之以自饿不食，龁草食粪解决之者。其解决不同，正因其所持哲学有异。

人皆以求其所认为之唯一的好为目的。人之行为，本所以实现其理想。无论何人，莫不如是，特因其所认为之唯一的好有异，故其行为亦不相同。个人如是，民族亦然。故中世纪之欧洲人，皆以奥古斯丁（St. Augustine）之"天城"（City of God）[1]为唯一的好。及近世纪，则皆以培根（Francis Bacon）所说之"人国"（Kingdom of Man）[2]为唯一的好。因之，他们即有不同的历史、不同的文化。我作此书之动机，虽为研究文化问题，而书中只谈及哲学，

---

[1] 奥古斯丁所著书名。
[2] 培根所著《新方法》书中语。

其故在此。

四、东方与西方

梁漱溟先生以为各民族，因其所走的路径之不同，其文化各有特征；而胡适之先生则以某一民族，在某一时代，对于问题所采用之"解决的样式"不同，所以某一民族，在某一时代的文化表现某一特征[1]。关于此点，胡先生之见为长。其实梁先生及现在一般人所说之西方文化，实非西方文化，而乃是近代西方文化。若希腊罗马之思想，实与儒家之思想，大有相同之处。智、勇、"有节"及"和"[2]为柏拉图所说四大德（见所著《理想国》）；"中"及"无所为而为"，为亚里士多德所提倡人生之大道（见所著《伦理学》）。罗马时代最流行的斯多葛派（Stoicism）之思想，与横渠《西铭》所说，竟大致相合。所谓奋斗向前的态度，即我书中所谓进步主义，实西方近代之产物，未可即以秃头的西方文化名之。我承认人类之生理的构造及心理，根

---

[1] 见《读书杂志》第八期。
[2] 即"Justice"，普通译做"公道"，但非柏拉图用此字之义。

本上大致相同，所以各种所能想得到的理想人生，大概各民族都有人想到，所差异只在其发挥或透彻或不透彻，在其民族的行为——历史——上或能或不能有大影响而已。我书中特意将所谓东西之界限打破，但将十样理想人生，各以一哲学系统为代表，平等地写出，而比较研究之。至于一时因某种哲学得势而有某种之历史，某种之文化，则为"孽镜台"之历史[1]自然照出，不必空言争论。

五、哲学与经验

哲学家亦非能凭空定一理想人生。其理想之内容，必取材于实际上吾人之所经验。吾人所经验之事物，不外天然及人为两类：自生自灭，无待于人，是天然的事物；人为的事物，其存在必倚于人，与天然的恰相反对。吾人所经验之世界上，既有此两种事物，亦即有两种境界。现在世界，有好有不好。哲学家中有以天然境界为好，以人为境界为不好之源者，亦有以人为境界为好，而以天然境界为不好之源者。如老子说："绝圣弃智，民利百倍；绝仁

---

[1] 记述事情的历史。

弃义，民复孝慈；绝巧弃利，盗贼无有。"主张返于"小国寡民"的乌托邦。而近代西洋哲学家，则有主张利器物，善工具，战胜自然，使役于人。其实两境界皆有好的方面及不好的方面。依老子所说，小国寡民，抱素守朴，固有清静之好，然亦有孟子所谓"洪水横流，草木畅茂，禽兽逼人"之不好。主战胜自然者所理想之生活富裕、用器精良，固有其好；但五色令人目盲，五声令人耳聋，老子之言，亦不为无理。此皆以不甚合吾人理想之境界为理想境界。此等程序，谓之理想化。

二派所定之目标不同，故达之之道亦异。理想化天然境界者，谓不好起于人为，欲好须先去掉人为，其目的在损。理想化人为境界者，谓天然界本来不好，欲好须先征服天然，其目的在益。我书名所标"天""人""损""益"，其意如此。

又有我所谓"天人之调和与中道"者，以天然人为，本来不相冲突。人为乃所以辅助天然，而非反对或破坏天然。现在之境界，即是最好。现在活动，即是快乐。此三派，皆所以为吾人定一理想人生，于其中吾人可得最高的满足。其目的同，特其所认为好者不同，故一切皆异耳。

不过属于所谓天之理想化与损道诸哲学，虽皆主损，而其损亦自有程度之差异。上说中国道家老庄之流，即以为纯粹天然境界之自身，即为最好，于现在境界，减去人为，即为至善。柏拉图则以为于现在感觉世界之上，又有理想世界，可思而不可见。佛家所说最高境界，则不惟不可见，亦且不可思。又如属于所谓人之理想化与益道诸哲学，虽皆主益，而其益亦有程度之不同。如杨朱之流，仅主求目前快乐。墨子则牺牲目前快乐，以求富庶。至培根、笛卡儿之流，则主张战胜天然，以拓"人国"。故佛教为天之理想化一派之极端，而西洋近代进步主义，则为人之理想化一派之极端。孔子说天及性，与道家所说道德颇同，不过以仁义礼乐，亦为人性自然之流露。亚里士多德立意联合柏拉图所说之感觉世界及理想世界。宋元明诸子，求静定于日用酬酢之间。西洋近代，注重"自我"，于是我与非我，界限太深。黑格尔之哲学，乃说明我与非我，是一非异。绝对的精神，虽创造而实一无所得。合此十派别，而世界哲学史上所已有之人生理想乃备。此但略说。至其详尽，书中自明。

六、近代科学与耶教

近来一般人，对于近代科学之起源，皆有解释。梁漱溟先生以为科学之起，源于欧洲近代之人生态度。至于此等人生态度，他以为即是欧洲人所批评的重提出之希腊态度。我以为希腊罗马哲学家所提倡之人生态度，与孔子所提倡者，颇有相同，与培根、笛卡儿、费希特等所提倡者，则大不相类。我所谓之进步主义，在已往历史中，实为特出无伦。我以为此种态度，乃从欧洲中世纪蜕化而来。

在欧洲中世纪，耶稣教最有势力。耶教和其他宗教及带宗教色彩的哲学比较起来，有种种特点。其他宗教及带宗教色彩的哲学，说人与本体原是一类或一个，而耶教则以为上帝是造世界者，人及世界是被造者，其中没有内部相连带的关系。其他宗教及带宗教色彩的哲学，说本体是一种道理，而耶教则主有人格的上帝。其他宗教及带宗教色彩的哲学，虽然也说人们原来有一良好的境界，现在人都应该回到那个境界，但他们所说的境界，都不是具体的。而耶教所说的天国，却是具体的。他所说那个天国，真与现在世界一样，但人在其中，可以不劳力而即能享受。还有一层，其他宗教及带宗教色彩的哲学，说人有自由的意志，可以回到原始的好境界，如佛家所谓"放下屠刀，立地成佛"。而耶教则谓人没有自由的意志，若要回到天国，非上帝施恩不可。凡此皆耶稣教之特点。耶教所说上帝，有人格而全智全能。因此暗示，西洋近代进步主义遂有一根本观念，以为人可以知道及管理可知的（intelligible）及可治的（manageable）天然界。他们以为在将来可以有个完善的境界，在其中，人可以不劳而获。这也是耶教所说天国暗示。他们本来受耶教之影响很深，不过他们见上帝专制太厉害，人既没有自由可以回到天国，所以只可自己出力，建立人国。但人如欲开拓人国，对于天然，须有智识及权力。唯其如此，所以需要科学。盖科学一方面为对于天然之知识（knowledge of nature），一方面为对于天然之权力（power of nature）[1]。培根、笛卡儿为近代科学之先锋，其注重科学之动机，实可证明以上所说之假定。详在书中，今不具说。

---

[1] 费希特语。

七、多元的宇宙

哲学于诸好之中，求唯一的好。故凡哲学所说之唯一的好，皆至少为一种的好——诸好之一。故一哲学所说之好，若仅认其为一种的好，则即无人能否认其为好。谁能说道家所提倡之小孩式的天真烂漫不是一种好？谁能说西洋近代进步主义所提倡之英雄式的发扬蹈厉不是一种好？不过一哲学常理想化自己所提倡之一种的好，而使之为唯一的好。种种争论，皆由此起。

所以哲学家多有所蔽。荀子说："墨子蔽于用而不知文，宋子蔽于欲而不知得，慎子蔽于得而不知贤，申子蔽于势而不知智，惠子蔽于辞而不知实，庄子蔽于天而不知人。"（《解蔽篇》）又说："慎子有见于后，无见于先；老子有见于诎，无见于信；墨子有见于齐，无见于畸；宋子有见于少，无见于多。"（《天论篇》）哲学家之所以有所蔽，正因其有所见。梁漱溟有段话说："翻过来说，我们（梁先生与陈独秀、胡适之）是不同的，我们的确是根本不同的。我知道我有我的精神，你们有你们的价值。然而凡成为一派思想，均有其特殊面目、特殊精神。——这是由他倾全力于一点，抱着一点意思去发挥，而后才能行的。当他倾全力于一点的时候，左边，右边，东面，西面，当然顾不到，然他的价值正出于此。要他面面圆到，顾得周全，结果一无所就，不会再成有价值的东西。却是各人抱各自那一点去发挥，其对于社会的尽力，在最后的成功上还是相成的——正是相需的。"[1]本书所述诸哲学所说之好，皆至少为一种的好，所以相对地皆不为误谬。至于我所认为之最后的成功，唯一的好是一大和，各种好皆包在内。[2]"万物并育而不相害，道并行而不相悖，小德川流，大德敦化，此天地之所以为大也。"

---

[1] 民国十二年十一月八日《晨报副刊》。
[2] 详见本书的《一种人生观》部分。

贰 | 对于人生问题的一个讨论
——在中州大学讲演会讲演稿

今天，贵会开第一次会，使我得来恭逢这个盛会，我实在很喜欢。

我今天所讲的题目是《对于人生问题的一个讨论》。我去年在曹州中学讲演时讲的，大约都是西洋哲学史，当时他们一定叫我讲我自己关于人生的意见，我讲了一点，以后又增加了一点，就成了这个演讲。

民国十二年中国思想界有一个顶关紧的事项，就是人生观的论战。张君劢说："人生观不是科学律令公式所能解决的。"当时丁文江又出来说："人生观用科学律令公式解决是可能的。"这样的论战很有些时。据唐钺的调查，他们讨论的重要问题有十三个。因为问题太多，所以不能有一个系统的观察。而且他们的讨论，据胡适之说，"并没有把一种具体的人生观说出来，而只是证明人生观是否可以用科学来解决。唯有吴稚晖先生的《我的一个新信仰——宇宙观和人生观》还算说出一个具体的人生观来"。我现在所说的便是具体的人生观，至于我说得对不对，和方法的错不错，还请大家批评。

一、陈独秀先生曾经说过："人生之真相果何如乎？此哲学中之大问题也。欲解决此问题似非今人智之所能。"

他的意见觉得这个问题太大，现在不能够一时解决。我觉得这个问题并不难解决。凡一事物必是对于局外人方要知其真相。譬如，现在的北京政局，我们因是局外人，才要求它的真相。如果是当局的人就不必去打听这个真相了。人是人的当局者，而所谓人生者亦就是人的一切动作。譬如演剧，剧是人生，而演剧者一举一动都是人生，亦就是人生的真相，就没有其他的问题了。我们现在处人的地位，而去求人生的真相，无异乎宋儒所说的"骑驴寻驴"了。

二、我方才所说的一片话，大家总不能说是就满意，因为如今人所欲知者，实在并不是"人生的真相"。而是要解释"人生的真相"，人生是为什么？"为"字有两种意义。

（一）是因为什么的解法，原因。

（二）是所为什么的解法，目的。就是戏上所说的"我所为何来"。

因为有这两种解释，就有两种的答法。

（一）原因，因为什么。这个问题是很难解答的，人是天然界一个东西，就是万物之灵也罢，高等动物也罢，然而总出不了天然界之外。而所谓人生，也就是天然界里一件事情——如刮风、下雨、草木的发生，都不能问它因为什么。要答这个问题，非把天然界全体的事情都加以说明不可，我想如今人类知识还不能够来解释天然界的全体，况且我们在短期讲演时间，哪能解释明白？

（二）目的，所为什么。陈独秀说过："我们人类究竟为的什么，应该怎样，如果不能回答这两个问题，模模糊糊过了一世，也未免太觉无味。"独秀先生的话可以代表一般人要解答这些问题的意思，我也很遇着几个人要问这个问题，以为是要不得这些问题的解答，人生未免太乏味。方才我说人是天然界一个东西，人生是人的一切动作。就这个动作分析起来，有种种的部分，每一部分的行为，说起来是人为的，而从人生全体看，却是天然的事情，譬如演戏，件件的举动是假的，而其全体却真是人生的一件事情。凡是天然的，不能问它是什么目的，如雨就是雨，山就是山……吾人观天然界的东西，只可说它"就是如此"，不能像人为界里的区分为目的与手段。在人为界里的事情可以说是有目的，但是全一个人生就不能说有什么目的了。

有一般目的派的哲学家，如亚里士多德，说天地为什么生草，供牲口的食用，为什么生牲口，供人类的食用。有人就讥笑这种目的论哲学说"人为什么生鼻子，为戴眼镜"。可见目的派也靠不住，所以我说人生就是如此，人生就是为生活而生活。

德国费希特说："人生为的是自我实现。"法国柏格森说："人的生活是要创化。"如果再问为什么要实现，为什么要创化，他只能答："为实现而实现，为创化而创化。"又有人说："人生为真善美。"为什么为真善美，亦答不出所以然来，那又何必绕这个大弯呢？

大凡于生活无阻碍的人，都不问为什么生活，有些人对于生活发生了问题，发生了悲观，他的生活达不到目的，他才要问："人为什么生活？"这就可以证明"人就是为生活而生活"的了。

庄子说："泉涸，鱼相处于陆，相呴以湿，相濡以沫，不如相忘于江湖。"我论这些问题，亦只取"相忘于江湖"的态度。

三、方才说人生，就是人生，就是为生活而生活。然生与死何以区别呢？生活要素是活动，活动停止就是死。此活动的意义是广义的，如身之活动及心之活动都是。然而这些活动的原动力就是人生的各种"欲"，欲满足此"欲"，乃有活动。我所说的"欲"，包括现在人所说的冲动、欲望两样。

A.冲动：就是人之本能的、动作的倾向，大都是无意识的，因冲动虽是一种要求，而不知其所要求之目的，虽欲实现，而不知其所欲实现的是什么。这是本能的，不学而能。如婴儿吃乳，饿了就要哭，可是他绝不能说出他哭的是什么。

B.欲望：其中参加有知识的分子，它亦是一种要求，可是知所要求的是什么，是有意识的。

近来梁任公先生以"情感"为活动力之原动，情感是活动时心理上一种情形。如人遇见了他的仇人，就去打他。并不是恼了才去打的，实在是打了才恼的。詹姆士说："见了可怕的蛇就跑，并不是怕了才去跑，实在是跑了才怕的。"所以情感与活动的关系，如风雨表与风雨的关系，并不是说风雨是风雨表的原因。

四、人生的要素是活动，假使人类的欲望没有冲突，那人生就美满了。实际中欲望相互冲突的地方很多，不但我的欲与人之欲相冲突，就是个人的欲望亦是常相冲突。中国古来有个传说，"三人言志，一发财、一做官、一成神。一腰缠十万贯，骑鹤下扬州"。试问哪一人的欲望能满足呢？因为不能个个满足欲望，人生问题才发生出来。既发生了人生问题，将怎么样解决呢？就是和、中、通三义，兹分述于下。

"和"的目的就是在冲突的欲之内，使大多数欲可以满足。一切政治、法律、社会、宗教……都是求和的方法。穆勒说："个人之自由，以不侵犯他人之自由为限。"就是求和的一法、种种道德之法，都是求和之道，或是有比这好的，但只是求和的方法不得不有。譬如政府不好，实行政府主义，不过无政府亦是一种方法，如果仅凭着一人的直觉去活动，我真不敢承认。

"中"就是孔夫子所说"中庸之道"的"中"，也就是能满足此欲而又不妨害他欲之一个程度，"饮酒无量不及乱"就是一个例。在道德方面为"和"，在学问方面为"通"。"通"是什么？举一个例，好比大家都承认地圆。地方之说，是完全取消，因为有许多现象用地方之说去解释便不通，而地圆可以讲通，此即谓通。一种道德制度，愈能得和大，则愈好，就以知识上的道理解释的现象愈多则愈通。如以前的教育方法约束学生，现在的新教育法有了游戏的时间，有研究学习的时间，乃可以满足各方面的欲望，所以新方法比旧方法好。中国古书上说"天下之达道也,天下之通义也,天下之达德也……"就是说,越能通的就越好。

五、刚才说的全是抽象的中、和、通,若实际上的中、和、通,则不能不用理智去研究。梁漱溟先生讲"中,非用直觉去认不可",我觉得他说这话很危险,他的话的根本是假定在"人之初,性本善,性相近,习相远"几句话的上面,人性是善的恐难靠得住,现在有一派心理学家就是性恶派。倘若梁先生说:"能顺着自然的路走,就是很对的路。"试问问他讲的什么,不是因为人类走错了路吗?他有些讲的我很赞同,但直觉的话是危险的。

我也非说人性恶,我们要知道人本是天然界的一个东西,他的性本来不能说是善或是恶,因为是自然的就是那个样了。不过他们时相冲突才有善恶之分,就是刚才所说的"和",能包含的便是善,"和"不能包含的便是恶,至于性的本来却不能说善与恶。

六、好的意义,就着本能而言都是好的,凡是能使欲望满足的都是好,欲望冲突以后,不包括在"和"之内的,好就变成恶了。好还可以分为两种:

A. 内有的好,本身可以满足我欲望的,如糖的甜;

B. 手段的好，它本身不能使我们满足，可是它能使我们得到满足我们欲望之物，如药是苦的不好吃，是不能满足我们的，但是它能使我们身体健康，可以使我满足。

这两种的分别无一定，要看我们的目的何在。譬如，我在黑板上写字要为练习而写，那就是内有的好；要是为你看而写，就是手段的好。

然而说到人生，实在是痛苦的，往往必得有种种的手段的好，方可得到内有的好，但是有时候费尽力量去用手段的好，内有的好仍得不到，因这而痛苦更不堪了。

若是这样，也有一种解决的方法，就是把手段的好与内有的好看作一样的东西。譬如我写字是求你们看的。但是你们要是不看的时候，我就可以看作我自己练习字，那就无所谓痛苦了。

不过有些东西也不然。如茶，人总不愿意把它当作内有的好看待。

七、人死是人生的反面，也就是人生的大事。古人有"大哉死乎，君子休焉，小人休焉"的话。就可以代表人对于死的问题很以为重要的了。

因为人都是怕死，所以死后成鬼与否，或者死后有没有灵魂的问题，就出来了。

有一班修仙学道的人，说人是可以不死的。我觉得长生不老固然不能，可是不死是能的。如"生殖"就是不死。好像一棵树，结了子实，落到地下面，成了别一棵树，别一棵树确是那棵树的一部分种子，所以那棵树仍是没死。照这样说不死也就没什大稀罕，在一种下等动物——阿米巴，它的生殖是一个细胞分裂的，也就不知那是新生的或老的了。

"不孝有三，无后为大"，自古以来传到如今，因为无后，才算真死，这话也合乎生物学的道理。

八、不朽与不死同是指人之一部分之继续生活力。不朽是指人之一种不可磨灭的地方，这样不可磨灭的地方人人都有，也就是人人都是不朽。而且想朽也是不能的。譬如那边夫役洗凳子的声音，在世界上已经有了这回事，想去掉也不能。

不过这种种的不朽，有大不朽与小不朽的分别。大不朽是人人都知道的，如尧、舜、孔子。知道小不朽人少。如夫役洗凳子的声音。要就存在而论，这一种声音和直奉战争都一样地存在。所不同的，就是在乎人知道的多少罢了。

在不朽里包括有立德、立功、立言。桓温说："丈夫不能流芳百世，亦当遗臭万年。"二者都是不朽，不过这两种分别，只在"流芳"与"遗臭"罢了。

照上面所说，算是生也有了，死也有了。我的人生观也可以收束了。

原载1924年11月17、18日《新中州报》

叁 哲学与人生之关系（甲）

哲学是一个很古的名词，有长久的历史，因此，哲学这个名词的意义，也就有了很多。大概说起来，哲学有广狭二义。

就广义的哲学说，我们人人都有哲学，并且全是哲学家。我们对于宇宙，或是人生，都有我们自己的见解，自己的意见。多数哲学问题，无论哪个人，对之都有他的相当的答案。我们在路上遇着一个人，问他一个哲学上的问题：究竟有上帝没有？他若说有，他就是有神论者；若说没有，他就是无神论者；如果他对于有无上帝都怀疑，那么他就是怀疑论者；他要说他不研究这个问题，他就是存疑论者。这不是各个人都有他自己的哲学吗？从前有人说：如果打仗，必得先知敌人的军队有多少，但是比这个更要紧的，就是先知道敌人的总司令的哲学是什么，那才不至于上当，打败仗。如果你交了一个主张杨朱哲学的朋友，那么他会成天吃喝玩乐，闹得你不得安宁。至于结婚，更要注意到对方的哲学，才能够有美满的结果呢。王阳明的学生有一天到街上去，回来之后，王阳明问他："你看见什么了？"他说："看见满街上是圣人。"照以上所说，也可以说，满街上都是哲学家了。这是就广义的哲学说。

若就狭义的哲学说，每一哲学系统有两部分，一部分是断案或结论，一部分是前提和辩论。就像前面说的那个人，你问他："你说有上帝，究竟何以见其有？"那恐怕他就不知道了。他是只有断案，而没有前提。这是专门哲学家和普通人不同的地方。主张有神论的专门哲学家，不但说上帝有，还得说何以见其有。主张无神论的专门哲学家，不但说没有，还得说上帝何以见其没有。

哲学在教育上的功用，照我的意思有四种，分述于后：

1. 学哲学可以养成清楚的思想。专门哲学家对于一种问题，有他的答案，并且有所以达到此答案的前提。学哲学的人看了他的答案和前提，除得到新知识外，还可随着他推理辩证，思想可以渐渐地清楚。哲学书总是不容易看的，非看到哪里，想到哪里，不能懂得。中国人从前主张咬文嚼字，看哲学书也得咬文嚼字，不过从前偏重于修辞方面。如果注意到义理方面，看书咬文嚼字是很有益处的。

2. 哲学可以养成怀疑的精神。学哲学的人，可以看出哲学与其他的学问有点不同，就是哲学上有多数的问题都有相反的答案。如对于上帝的存在问题，就有许多的答案，全都是持之有故，言之成理。我们常读哲学书，可以减少我们武断和盲从的习惯。我并不是说一定没有绝对的真理。如我们做一命题，与真实相合，那命题就是真理，真理有成立的可能。不过我们所做之命题究竟是不是与真理相合很难决定而已。但是有人说：如果人持着怀疑态度，对于无论什么事情，都不能办了。但是不一定如此。我们不一定对于一个理论有了宗教般的信仰，然后再来实行它。

3. 学哲学可以养成容忍的态度。哲学里面的派别很多，而且每派对于它的主张全持之有故，言之成理。我们对于事物研究了一番之后，虽可自有主张，但也不能说别人的学说完全不对，一概可以抹杀。世上的悲剧，有许多是由于人之无容忍态度造成的。像西洋的宗教战争是也。我们应当知道宇宙是多方面的，不是一方面的，人因其观点不同，故所见亦异。人人都有容忍的态度，才易互相调和，不易有什么冲突。民治主义的精神也在此，少数服从多数之理由也在此。

4. 学哲学可以养成广大的眼界。哲学的对象是宇宙的全体。由宇宙的观点看起来，所谓人世间，可以说小到不可言喻了。有一故事说，美国有一个飞行家，坐着飞机飞到地心引力以外去了，看见了一个神仙，他就问："某城在什么地方？"那神仙说："不知道。"他又问："美国在什么地方？"神仙答："没有听说过。"他又问："亚美利加洲在什么地方？"神仙说："也不知道。"又问："地球在什么地方？"神仙也说："不知道。"最后他问："太阳系在什么地方？"神仙说："等着我给你查一查。"就拿一张图，看见有一个小点，旁边写着太阳系三字，才知道太阳系在宇宙中也不过是一小点，何况小而又小的某城呢。从宇宙的观点看，人世间的成败祸福，皆无可注意的。能有这种眼界者，即如《庄子》上所说："死生无变于己，而况利害之端乎？"如果人人能够如此，世界上争权夺利的悲剧，或者可以少演几次吧！有人说，如果人人都照这种观点看起来，恐怕人类就没有了，没有人类，或者还许更好，也未可知。不过按一方面说，我们要有这种眼界，不但可以做事，而且更能做事。如果未曾在台上讲演过的人，初次上台讲演，恐怕有错误的地方，但是愈怕有错，错处更多。如人做事恐怕失败，但是愈怕失败，他愈是失败。如他能视成功失败为无关重要，他的成功的希望，还可更大一点。

肆 哲学与人生之关系（乙）

"哲学"与"人生"可以说是很有关系，也可以说是很没有关系。所谓对于人生有没有关系，是说对于我们的行为有没有影响，或者再确切点说，有没有直接重大的影响。

所谓"哲学"是一个很宽泛的名词，其中包有很多的部分，犹之科学中之包有物理、化学等。哲学里边有几部分，可以说是对人生没有直接重大的关系；有几部分可以说是对人生有直接重大的关系。譬如逻辑（亦称论理学）对于人生，可说是没有直接重大的关系。其中有些道理，若专就实用观点看，似乎是没有什么价值。如普通逻辑所讲的同一律吧，"甲是甲"。如果甲是甲，甲就是甲。这话可以说是一定不错，但由实用的观点看，就无甚价值。再如说"桌子不能同时是桌子又是非桌子"，这话在实用的观点看，也并没有什么价值。所以，有几派哲学，因特别注意人生方面，就不注重逻辑。如中国前几年流行的"实用主义"即是如此。实用主义所讲试验逻辑，实是一种试验的方法，并非逻辑。又如中国哲学，向亦注重人生方面。所以逻辑在中国哲学里，可以说是没有。从此看来，逻辑对于人生，即对我们的日常行为，是没有直接重大的影响的。

"知识论"（亦称认识论）对于人的日常行为，亦无多大影响。例如说现在这个桌子究竟是不是真有等问题。有些人说，我们闭上眼睛，不看桌子，桌子就是无有了；有人说我们虽闭上眼睛，桌子总还是有。但无论哪一种说法，对于我们日常行为，可说是没有什么大的影响。有的哲学家以为太阳明天出来不出来，就不敢说一定。因为我们以为太阳明天一定出之说，无非靠过去经验。但若只靠经验，则在过去是如此者，不敢必其在将来亦如此。但是这样怀疑，对于日常行为，仍没有直接的影响。虽从理论方面我们不敢断言太阳明天一定出来，但是我们今天该怎样，仍是怎样。信了某哲学家之说，生活上无甚变化；不信它，也没甚变化。所以，有些哲学，对于认识论，即不注重。例如中国哲学，即只注意人生方面。其中逻辑，固然可以说是没有。认识论，也可以说是没有。

哲学中有一部分是对于人的日常生活没有什么直接重大的影响，举出了上边两个做例，别的自然还有。

可是，哲学中的另一部分，对于我们人生，即日常生活，是有很大的影响的。有些道理，我们不信它，我们的生活是一个样子；信了它，就会立刻变了个生活的样子。

最显明者为宗教。大概大的宗教中，都有一种哲学中的"形上学"作为根据。这形上学对于人生就很有关系。每个大宗教里边，都讲的有宇宙如何构成，及人在宇宙中的地位等问题，对于这些问题，都有一种讨论、解决和答案。这许多答案，我们相信与否，对于我们的生活，是有很大的影响的。如佛教即有一很精深的形上学，也就是哲学上所谓的"唯心论"。它说"万法唯心"，一切皆本于心。人有那个真心，但他不觉有真心，这就是所谓"迷"。因为有"迷"，所以生出了我们的身体及山河大地。我们的身体及山河大地，都是心的表现。因此，人一生出，就有了许多问题。如"生、老、病、死"四种苦，无论何人，都不能免。如欲免此人生诸苦，其方法可就很不简单。旧的自杀方法如上吊、投河，新的方法，如喝安眠药水等，均解决不了问题。照佛家说，我们死了，并不算完。我们原来之所以有这个身，乃因有个"迷"。今虽取消此身，如仍有这个"迷"，则仍然可以有个身。因此就有了出家、修行等办法，以求根本解决这个"迷"。这些道理，你信它或不信它，在行为上就有了很大的区别。不信它，是一个方法生活。如果信了它，你就会根本改变一个生活的样子，完全和先前不同的一个样子。这对于人生,即日常行为,是很有关系的。

此外,哲学中的另一部分,即政治哲学与社会哲学。对于人生日常行为,也是有直接重大的影响的。在历史上,我们的社会已有过很多的改变,才变到现在的地步。它每一个改变,都有一个新的社会哲学和政治哲学做领导。就是直到今日,亦复如此。关于这一点,有人说政治哲学和社会哲学仅系社会状况的反映。像镜子里面的影子,并没有什么力量。我想这话有一半对,有一半是不对的。说政治哲学及社会哲学是社会状况的反映,是对的,但说他没有力量,是不对的。我们走到某一地步,我们才能看见某一地步前面的一些东西,这是当然的。譬如因为我们的社会是在现在的历史阶段,我们才会有现在的社会理想。在游牧时代,无论如何不能有很高的社会理想,这是不成问题的。不过社会理想既已形成了一种理想,就会有一种力量,形成一种运动。还有一种人说社会改造之成功,并非出于一二人的理想,乃是群众处在某种环境之下不能生存,感觉到改革的需要。必须如此,才能成功。这是很对的。但也不能因此就轻视理想之重要。群众不感改革之需要,虽强行一种理想，亦必归失败，这是真的。但只有群众的需要，而无理想之指导，则其行动是盲目的，亦必不能成功。我们固然相信理想是环境所产生，非一二人凭空想出。但既有此理想，它还可以领导人们去改造环境。有一句老话："英雄造时势，时势造英雄。"若把"英雄"二字换成"理想"二字，即"理想造时势，时势造理想"，这话很不错的了。这一点，现在人可以说都很感觉到。不管其政见之左或右，主张保持现状或改变现状的那一派，他都感觉到一种政治社会运动，非有一种政治社会哲学做根基不行。

说到此处，就又说到我们常说的"死哲学"与"活哲学"之不同了。什么是活哲学呢？能成为一种力量，领导人的行动的即是。反此，就是死哲学。或者它前亦是活过，但今已成一二人的空话了。

我们还可以连带说及所谓新哲学和旧哲学的问题。究竟有没有新哲学，即能不能凭空生出来一种与旧的全无关系的哲学呢？也许将来会有超人出世，创了出来。但这可说是没有的。其实，无所谓全新的哲学。新的哲学中亦有旧的分子，不过能把旧的和现在的知识、环境连成一片。能如此者，就是新哲学。不能，即不是。

从以上所说，我们可以知道，哲学中有几部分对于人们的日常行为是很有影响的。如刚才所说的有许多道理，我们信它或不信它，我们的行为可以有大大的不同。

再总起来说，哲学里有一部分对于人生没有直接关系，但是，有一部分，有直接的关系。有一部分对于日常行为，不生直接重大的影响，但是有一部分，则生直接重大的影响。所以有些人说，譬如出兵打仗，对方的器械兵力固属我们所要知者，但其总司令是持怎样的哲学，也是我们要知的。再如出租房子，房客能否拿得出租钱，房东固然要知道，但其持着怎样的哲学，房东也要知道。如果房客持的是如《列子·杨朱篇》所说的哲学，他一定会把你的房子住得乱七八糟。这是就哲学之与人生有关系说的。还有人说哲学毫无实用价值，只是用一些很好看的字眼说些没意义的话。这两方面话都有些道理。实际是：哲学里头有一部分是与人的日常行为即人生，有直接重大的关系；有一部分没有直接重大的关系。哲学乃是一个总括的名词。

原载《东方杂志》第三十三卷第一号，1935年11月

伍、人生术

〔《北平晨报》特讯〕清华大学文学院院长冯友兰,昨应清华大学青年会所主办之大学问题讨论会之请,在该校生物馆讲演《人生术》,演词如下:

人生术者,就是假定人生是为寻求幸福的,那么怎样才能得到幸福,就是"人生术"。

这个问题在学校里是不常谈的,现在学校里所重视的是知识的输入。中国从前的学者讲这问题的却很多,从前的道学家那种呆板处世,无非在寻求幸福。又《论语》中的孔子"乐以忘忧,不知老之将至","一箪食,一瓢饮……回也不改其乐",都是他们会讲人生术。

人生术很多,今天只讲一个,就是应付情感的方法。情感包括喜、怒、哀、乐,虽然幸福的整个问题不完全在情感上,可是喜怒都于人生有大关系。如《三国》上的三气周瑜,一下子给气死了;《说岳》中的牛皋捉住了金兀术,把金兀术气死,牛皋乐死了。这都是情感的作用。我们怎么对付它,就是现在要讲的。

情感的来源有两派说法:

(一)庄子说人之所以有情感,因为人的知识不够,若有充分的认识,则不会有情感。譬如大风天气使人出去不方便，在大人们并不觉得有什么情感发生，可是小孩子们不能出去，就会很生气，骂天是浑蛋。这因为孩子们没有大人知道得多，所以就较大人受的情感的痛苦多。西人Spinoza的 *Ethics* 说，情感是 human bondage，若人有完全的知识，就可以把这 bondage 打破。《庄子·养生主》讲此道非常之多，说老子死了，许多人非常悲哀，《庄子》说他们是"遁天倍情"，"古者谓之遁天之刑"。他们对于人生性质没有完全知识，他们不知道死就是生的结果，所以他们受了"遁天之刑"，即是悲哀。庄子是很懂这道理的，他的太太死了，他反鼓盆而歌，惠施曾因此责备他。庄子说，在起初他心亦莫不慨然，但后来想世界上原先压根就没有他的太太，后来忽然有了，有了又没有了，还是和从前一样。人之生死，正如春秋之顺序一样，没有可悲的。庄子之如此，是他以理化情。

（二）情感之生因累于物。王弼等主张人应"应物而无累于物"，说情感是自然的反映，所以不能免除，只要不累于物就够了。《庄子·应帝王》亦讲"至人之用心若镜，不将不逆，应而不藏，故能胜物而不伤"。镜之不伤，在其无累于物，但庄子只讲以理化情，对此点未加发挥。宋儒却有很重要的发挥。程明道的《定性书》说:"天地之常,以其心普万物而无心;圣人之常,以其情胜万事而无情。故君子之学,莫若廓然而大公,物来而顺应。"宋儒解释此理,常举的例子是颜回"不贰过""不迁怒",能做到此地步,就是他能廓然大公,物来而顺应。如某人和他的太太打仗了,一生气连茶碗都摔了,就因为他未能廓然大公,物来顺应。王阳明说:"七情不可有所著。"著即累,即七情不可有所累。讲《大学》"心有所忧患,则不得其正;心有所忿懥,则不得其正",他注重在"所"字,一有所忧患忿懥,即是有了对象的累于物了,即有所苦了。如我们看人打别人的嘴巴,我们当时或亦忿懥,但事一过就完了。若有人来打我一个嘴巴,那就不同,我不但现在恨他,甚至什么时候想起来,什么时候恨,就是因为我的心有所累,我不能廓然大公,有我的存在,不能以人打我就像人打他人的态度处置之。所以人之有所累于物否,完全在于有我与无我的存在。以现在话说,就是客观的态度之有无。廓然大公,的确对于人生幸福有莫大关系,对于一个人的事业成功,亦很重要。人常说的"旁观者清,当局者迷",就是不能廓然大公,有我之存在,总是战战兢兢,患得患失,结果也许很糟。譬如我们现在在这平地上走，我们什么都不想，可是如果路的两旁都是阴沟，就要战惊起来，也许因为这一战惊就糟了，如果还像走平地一样的态度，本可以毫无问题地安然度过。所以大公无私，无我无己，若在道学家的旗牌约束下讲起来，很无味，但实在它们是对人生幸福有关系的。

1935年3月2日在清华大学的演讲，原载1935年3月3日《北平晨报》

陆 论命运

市上有许多所谓"大哲学家"也谈命运，不过他们所谈的命运是指"先定"，既有"先定"，就有人要"先知"它，以便从中获利。例如预先知道某种物品将要涨价，就大量买进，便可赚钱；知道某种物品将要跌价，就去卖出，便不亏本。因此得大发其财，无怪"大哲学家"们都生意兴隆了。

其实"先定"是没有的，即使有，也无用先知。如果有先定的命，命中注定你将来要发财，到时自然会发财，命定你要做官，将来自然做官，命定了将来要讨饭，自然要讨饭。先知了也不能更改，不能转变，又何必要预先知道呢！

我说的"命运"和他们所说的不同。古人孔子、孟子等也谈命，如孔子说："知天命。"庄子说："知其不可奈何而安之若命。"孟子说："莫之为而为者，天也。莫之致而至者，命也。"荀子说："节遇之谓命。"我说的"命"就是他们所说的"命"。"莫之致而至"是不想他来而来，"节遇"是无意中的遭遇。这才是"命运"的真意。所以"命运"的定义就可说是一个人无意中的遭遇。遭遇只有幸和不幸，没有理由可说。譬如说现今的时代是伟大的，我"幸"

而生在这时代；也有人说现今的时代是受罪的，我"不幸"而生在这时代。我们生在这时代可以说是幸或不幸，但我们为什么生在这时代，便没有理由可说。

命和运不同：运是一个人在某一时期的遭遇，命是一个人在一生中的遭遇。某人今年中了特种奖券，是他今年的"运"好，但是他的"命"好不好，还不一定，因为他将来如何尚不得而知。在一时期中幸的遭遇比不幸的遭遇多，是运好。在一生中，幸的遭遇比不幸的遭遇多，是命好。

普通所谓努力能战胜"命运"，我以为这个"命运"是指环境而言。环境是努力可以战胜的，至于"命运"，照定义讲，人力不能战胜，否则就不成其为"命运"。孟子说："知命者不立于岩墙之下。"如果一座墙快要倒了，你还以为命好，立在下面，因而压死，都是活该，不能算是知命。又如逃警报，有人躲在一个不甚安全的地方，不意炸死了，这是他的"命"不好，也是他的遭遇不幸。努力而不能战胜的遭遇才是命运。

人生所能有的成就有三：学问、事功、道德。即古人所谓立言、立功、立德。而所以成功的要素亦有三：才、命、力，即天资、命运、努力。学问的成就需要才的成分大，事功的成就需要命运的成分大，道德的成就需要努力的成分大。

要成大学问家，必须有天资，即才。俗话说："酒有别肠，诗有别才。"一个人在身体机构上有了能喝酒的底子，再加上练习，就能成为一个会喝酒的人。如果身体机构上没有喝酒的底子，一喝就吐，怎样练习得会呢？作诗也是一样，有的人未学过作诗，但是他作起诗来，形式上虽然不好，却有几个字很好，或有几句很好，那种人是可以学作诗的，因为他有作诗的才。有的人写起诗来，形式整整齐齐，平仄合韵，可是一读之后，毫无诗味，这种人就不必作诗。一个人的才的分量是一定的，有几分就只有几分，学力不能加以增减。譬如写字，你能有几笔写得好，就只能有几笔写得好。学力只不过将原来不好的稍加润饰，使可陪衬你的好的，它只能增加量不能提高质。不过诸位不要灰心，以为自己没有才，便不努力。你有才没有才，现在还不晓得，到时自能表现出来，所谓"自有仙才自不知"，或许你大器晚成呢！既有天才，再加学力，就能在学问上有成就。

至于事功的建立，则是"命运"的成分多。历史上最成功的人是历朝的太祖高皇帝，刘邦因为项羽的不行而成功。如果项羽比他更行，他绝不会成功。学问是个人之事，成功则与他人有关。康德成为大哲学家，并不因为英国没有大哲学家。而希特勒的能够横行，却是英国的纵容和法国的疏忽所致。历史上有些人实在配称英雄，可是碰到比他更厉害的人，却失败了。有的人原很不行，可是碰着比他更不行的人，反能成功，所谓"世无英雄，遂令竖子成名"，所以事功方面的成就靠命运的成分大。"卫青不败由天幸，李广无功缘数奇"，我们不应以成败论英雄。

道德方面的成就则需要努力，和天资命运的关系小，因为完成道德，不必做与众不同的事，只要就其所居之位，做自己应该做的事，尽伦尽职即可。人伦是社会中人与人之间的关系，一个人在社会上必须和别人发生关系，而且必须做事。能尽自己和别人的关系，做自己应该做的事，就是道德，和自己的地位高下事业大小都没关系。不论何人，只要尽心竭力，对社会的价值是没有分别的。正如唱戏好的人，和所扮演的角色无关，梅兰芳登台，不一定饰皇后。地位很阔的人不能尽伦尽职，是不道德。村夫野老能尽伦尽职，就是有道德。命运的好坏对于道德的完成也没有关系。文天祥和史可法都兵败身死，可算不幸。但是即使他们能存宋救明，他们在道德方面的成就也不会再增加一些。他们虽然失败，道德的成就也不因之减少一些。不但如此，有的道德反要在不幸的遭遇下才能表现，如疾风劲草，乱世忠臣。孟子说："富贵不能淫，贫贱不能移。"终身富贵的人，最多能做到前者。做官发财是"求之有道，得之有命"，唯有道德是"求则得之，舍则失之"，做不做的权全在自己。

有的人常常说我立志要做大学问家，或立志要做大政治家，这种人是可以失望的。因为如果才不够，不能成为大学问家，命运欠好，不能成为大政治家。唯立志为圣贤，则只要自己努力，一定可以成功。圣贤是道德的最完成者。普通人以为圣贤需要特别的在事功文学方面的天才，那是错误的。孔子和孟子的成为圣贤，和他们的才干没有关系。王阳明并不因为他能带兵而成贤人。所以学问的成就需要才，事功的成就需要幸运的遭遇，道德的成就只要努力。

柒　人生的意义及人生中的境界（甲）

人生有意义吗？对于这个问题，我的回答是"人生是有意义的"。但人生的意义常因个人的见解不同而各有差异。一件事物的意义，各人所说可以不同，其所说的不同，乃因各人对此事的了解不同，人对于宇宙人生的了解程度可有不同，因此宇宙人生对于人的意义亦有不同。宇宙人生对于人所有的某种不同的意义，即构成人所有的某种境界。

人生中的境界可分为四种：（一）自然境界；（二）功利境界；（三）道德境界；（四）天地境界。现叙述于下。

（一）自然境界：其特征是在此境界中的人，其行为是顺着他的才能或顺着他的习惯与社会风俗去做。既无明了的目的，也不明了所做的各种意义，小孩吃奶和原始人类的"日出而作，日落而息"都是属于自然境界，普通人的境界也是如此。

（二）功利境界：其特征是在此境界中的人，其行为是以追求个人的利益为目的，其与自然境界不同之处是自然境界的人其行为无目的也不明白意义，功利境界的人他的行为有确定的目的且能明白它的意义。这两种境界，都是普通一般人所有的。

（三）道德境界：其特征是在此境界中的人，其行为是行义的。所谓义与利，并非各不相关，二者表面相反，实则相需相成。二者的真正分别，应该是求个人之利者为利，求社会之利者为义，亦即程伊川所说："义与利之别，即公与私之别。"道德境界中的人，其所作为皆能为社会谋利益，古今贤人及英雄便是已达到道德境界的。

（四）天地境界：其特征是在此境界中的人其行为是事天的。换言之，我的身躯虽不过七尺，但其精神充塞于天地之间，其事业不仅贡献于社会，更能贡献于宇宙，而"与天地比寿，与日月同光"。唯大圣大贤乃能达到这个境界。

以上四种境界，各有高低不同。某种境界所需的知识程度高，则境界亦高；所需知识低，则境界亦低。故自然境界为最低，功利境界较高，道德境界更高，天地境界最高。因境界有高低，所以人所实际享受的一部分世界也有大小，一个人所能享受的世界的大小，以其所能感觉的和所能认识的范围的大小为限。就感觉而论，各人所能享受的世界很少差别，食前方丈与蔬食箪饮，并无多大的不同。

若以认识了解而论，各人所享受的世界差别很大：如自然境界的人和天地境界的人认识不同，了解不同，因而这两种人所享受的世界，亦有很大的悬殊。四种境界不仅有高低之分，还有久暂之别。因为人的心理复杂，有的人已达到某种境界，但因心理变化不能常住于此境界中。作恶的人属于功利境界，有时因良心发现做一点好事，在良心发现这一刹那，他就入了道德境界，但因未经过特别修养功夫，不能常住于道德境界中，过了一会儿以后，又回复到功利境界。若有人能常住在道德境界中，便是贤人，能常住在天地境界中，便是圣人。

四种境界就其高低的层次看，由低而高，表示一种发展。前二者是自然的礼物，不需要特别功夫，一般人都可以达到。后二者是精神的创造，必须经过特别修养的功夫，才能达到。道德境界中的人是贤人，天地境界中的人是圣人，两种境界可算是圣关贤域。圣贤虽和众人不同，但他达到道德和天地境界，不必做一些标新立异的特别事。他所做的事其实还是普通人能做的事，不过他的认识比一般人高而深，故任何事对他都能发生特殊意义，此即所谓"极高明而道中庸"。[1]

　　　　　　　载《读书通讯》第四十二期，1942年5月16日

---

[1] 原稿文末记录者案：本文为冯先生在云南省训练团学术演讲会之讲词，经该会记录。——编者注

捌 人生的意义及人生中的境界（乙）

何谓"意义"？意义发生于自觉及了解。任何事物，如果我们对它能够了解，便有意义；否则便无意义。了解越多，越有意义，了解得少，便没有多大的意义。何谓"自觉"？我们知道自己在做一件事情，便是自觉。人类与禽兽所不同的地方，就是人类能够了解，能够自觉，而禽兽则否。譬如喝水吧，我们晓得自己在喝水，并且知道喝水是怎么一回事；可是兽类喝水的时候，它却不晓得它在喝水，而且不明白喝水是什么一回事，兽类的喝水，常常是出于一种本能。

对于任何事物，每个人了解的程度不一定相同，然而兽类对于事物却谈不到什么了解。例如我们在礼堂演讲，忽然跑进了一条狗，狗只看见一堆东西坐在那里，它不了解这就是演讲，因为它不了解演讲，所以我们的演讲对于它便毫无意义。又如逃警报的时候，街上的狗每跟着人们乱跑，它们对于逃警报根本就不懂得是一回什么事，不过跟着人们跑跑而已。可是逃警报的人却各有各的了解，有的懂得为什么会有警报，有的懂得为什么敌人会打我们，有的却不能完全了解这些道理。

同样地，假如我们能够了解人生，人生便有意义，倘使我们不能了解人生，人生便无意义。各个人对于人生的了解多不相同。因此，人生的境界便有分别。境界的不同是由于认识的互异。这有如旅行游山一样，地质学家与诗人虽同往游山，可是地质学家的观感和诗人的观感却大不相同。

人生的境界大体上可分为四类：（一）自然境界——最低级的，了解的程度最少，这一类人大半是"顺才"或"顺习"。（二）功利境界——较高级的，需要进一层的了解。（三）道德境界——更高级的，需要更高深的了解。（四）天地境界——最高的境界，需要最彻底的了解。在自然境界中的人，不论干什么事情，不是依照社会习惯，便是依照其本性去做。他们从来未曾了解做某件事情的意义，往好处说，这就是"天真烂漫"，往差处说便是"糊里糊涂"。他们既不懂得为什么要这样做，又不明白做某件事情有什么意义，所以他们可说没有自觉。有时他们纵然是整天笑嘻嘻，可是却不自觉快乐。这有如天真的婴孩，他虽然笑逐颜开，可是却一点都不觉得自己快乐，两种情况完全相同。这一类人对于"生""死"皆不了解，而且亦没有"我"的观念。功利境界中的人，对于人生的了解，比较过了一步，他们有"我"的观念；不论做什么事，都是为着功利、为着自己的利益打算。这一批人大抵贪生怕死。有时他们亦会为社会服务，为国家做点事，可是他们做事的动机是想换取更高的代价，表面上，他们虽在服务，但其最后的目的还是为着小我。在道德境界中的人，不论所做何事，皆以服务社会为目的。这一类人既不贪生，又不怕死。他们晓得除"我"以外，上面还有一个社会，一个全体。他们了解个人是社会的一部分，个人与社会是部分与全体的关系。就普通常识来说，部分的存在似乎先于全体，可是从哲学来说，应该先有全体，然后始有个体。例如房子中的支"柱"，是有了房子以后，始有所谓"柱"，假使没有房子，则柱不成为柱，它只是一件大木料而已。同样，人类在有了人伦的关系以后，始有所谓"人"，如没有人伦关系，则人便不成为人，只是一团血肉。不错，在没有社会组织以前，每个人确已先具有一团肉，可是我们之成为人，却因为是有了社会组织。道德境界的人，很清楚地了解这一点。天地境界中的人，一切皆以服务宇宙为目的。他们对于生死的见解：既无所谓生，复无所谓死。他们认为在社会之上尚有一个更高的全体——宇宙。科学家的所谓宇宙，系指天体、太阳系及天河等，哲学家的所谓宇宙，系指一切，所以宇宙之外不会有其他的东西。个人绝对不能离开宇宙而存在。天地境界的人能够彻底了解这些道理，所以他们所做的事便是为宇宙服务。

中国的所谓"圣贤"，应该有一个分别，"贤"是指道德境界的人，"圣"是指天地境界的人。至于一般的芸芸众生，不是属于自然境界，便属于功利境界。要达到自然境界或功利境界非常容易，要想进入道德境界或天地境界却需要努力，只有努力，才能了解。究竟要怎样做才算是为宇宙服务呢？为宇宙服务所做的事，绝对不是什么离奇特别的事，与为社会服务而做的事并无二致。不过所做的事虽然一样，了解的程度不同，其境界就不同了。我曾经看见一个文字学的教授在指责一个粗识文字的老百姓，说他写了一个别字。那一个别字本来可以做古字的假借，所以当时我便代那写字的人辩护，结果，那位文字学教授这样地回答我："这一个字如果是我写的，就是假借，出自一个粗识文字的人的手笔，便是别字。"这一段话很值得寻味，这就是说，做同样的事情，因为了解程度互异，可以有不同的境界。再举一例，同样是大学教授，因为了解不同，亦有几种不同的境界：属于自然境界的，他们留学回来以后，有人请他教课，他便莫名其妙地当起教授来，什么叫作教育，他毫不理会。有些教授则属于功利境界，他们所以跑去当教授，是为着提高声望，以便将来做官可以铨叙较高的职位。另外有些教授则属于道德境界，因为他们具有"得天下英才而教育之"的怀抱。有些教授则系天地境界，他们执教的目的是"得宇宙天才而教育之"。在客观上，这四种教授所做的事情是一样的，可是因为了解的程度不同，其境界自有差别。

《中庸》有两句话，说圣人可以"赞天地之化育"，可以"与天地参"。所谓"赞天地之化育"并不是帮助天地刮风或下雨。"化育"是什么？能够在天地间生长的都是化育，能够了解这一点，则我们的生活行动都可以说是"赞天地之化育"，如果不明白这一点，那么我们的生活行动只能说是"为天地所化育"。所谓圣人，他能够了解天地的化育，所以始能顶天立地，与天地参。草木无知（不懂化育的原理），所以草木只能为天地所化育。

由此看来，做圣人可以说很容易，亦可以说很难，圣人固然可以干出特别的事来，但并不是干出特别的事，始能成为圣人。所谓"迷则为凡，悟则为圣"，就是指做圣人的容易，人人可为圣贤，其原因亦在于此。

总而言之，所谓人生的意义，全凭我们对于人生的了解。

原载《新力》创刊号，1947年6月1日

玖、人生成功之因素

一、三种因素——才力命

在人生成功的过程中，须具有三种因素，这三种因素配合起来，然后才可以成功。

（一）天才。我们人生出来就有愚笨聪明的不同，而且一个人生出来不是白痴的话，一定会在一方面相当聪明，而这种生出来就具有的愚笨聪明，无论什么教育家以及教育制度也不能使之改变。换句话说，教育功用只能使天赋的才能充分地发展，而不能在天赋的才能之外使之成功。这正如园艺家种植种子只能使所种的种子充分生长，而不能在这种子充分生长之外使之增加。

（二）努力。无论在哪一方面成功的人，都要努力。如果非常懒惰，而想成功，正如希望苹果落在自己嘴里，一样的不可能。

（三）命。这命不是一般迷信的命，而是机会，也可以说是环境。如一个人有天赋才能，并且肯十分努力，但却仍需遇巧了机会。如果没有机会，虽然有天资，肯努力，也是"英雄无用武之地"了。提到机会环境，常会有人说我们可以创造环境，争取机会，这当然是不错的。不过，创造环境，争取机会，却包括在努力之中，而这里所说的机会，乃指一人之力所不能办到的而言。

以上所说的三种因素，可以自中国旧日术语中用一个字来代表一下：天资可以用"才"字来代表，努力可以用"力"字代表，机会可以用"命"字代表。一个人要在某方面获得成功，需有相当的才、力与命。一提到命，恐怕会有误解。因为谈到命的时候太多，例如街头算命摆卦摊的谈命，旅馆住的大哲学家谈命，而这里所提到的命却与他们都不相同。在这里所提到的命，乃是中国儒家所谈之命，是与一般世俗所说的命不同的。

一般世俗所谈的命是天定的，就是我们人在生前便定下了一生的吉凶祸福。看相算卦可以知道人一生的吉凶祸福，我从来就不相信。据我看，这些都是中古时代的迷信，无论是在哲学上或是在科学上都是不合理的。

孔子、孟子所讲的命并不是这个意思，儒家所讲的命，乃指人在一生之中所遭遇到的宇宙之事变，而且非一人之力所可奈何的。再重述一下，创造环境，争取机会属于努力那方面。与这里的命无关，不用再多论。现在还是讨论命字，我们人在一生中总会遭遇到非一个人力量所能左右与改变的宇宙之事变。比如说，民国二十六年的事变直到三十四年，经过抗战，我们才获得最后的胜利。日本人来侵略我们，我们不得已起而抗战。这是非以一人之力所能改变的。更如现在世界战争虽然已经解决，然而仍有许多问题相继发生着。为什么我们生在这么个时代？为什么不晚生若干年，生在未来的大同世界中？此乃命。

以上才、力、命三者配合起来，三者都必要而不同具。也就是成功需要三者配合起来，没有时固不成，有了也不一定成。如同学考试加油开夜车，但也许考不及格。也就是不用功不能及格，而用功，也不一定及格！这道理就是在逻辑学上所谓：必要而不同具。有些人常说不靠命，那么他又在说创造环境争取机会了。不过我已重述过，那是属于"努力"方面的。

说起命来，我们活这么大而不曾死了，命就算相当的好。我们要知道人死的机会太多了，在母胎中，也许小产，未出世就死去，这个人能成功不？幼童病死，有什么办法？我们经了抗战，经过战争、轰炸以及流亡，如今仍能参加夏令营，我们的运气真好得了不得了。

二、成功的种类与配合成分

以下我们讨论三者配合是否应该相等，也就是三者成分是不是应该每份都是百分之三十三点三。这回答却是不应相等，也不能相等，而是以成功的种类不同而每种成分各有不同。成功的种数不外有三：

（一）学问方面：有所发明与创作，如大文学家、大艺术家、大科学家等等。

（二）事业方面：如大政治家、大军事家、大事业家等等。

（三）道德方面：在道德上成为完人，如古之所谓圣贤。

以上列举的三方面，以从前的话来讲，也就是立德、立功、立言三不朽。学问方面的成功是立言，事业的成功是立功，道德方面的成功是立德。除三种之外，也就没有其他的成功了。因为这三种成功的性质的不同，所以配合的成分也就有了多寡。大致说来，学问方面"才"占的成分多，事业方面"命"占的成分多，而道德方面则是"力"占的成分多。

三、学问方面的成功

学问方面天才成分占得多。有无发明与创作是不只以得多少分数,几年毕业所能达成的。而且,没有天才,就是怎么用功也是无济于事。尤其艺术方面,更是如此。所谓"酒有别肠,诗有别才"。有些人致力于作诗,并作到十分的努力,然而他作出诗来,尽管合乎平仄,可是不是诗,那么,他就是没有诗的天资,但也许他在其他方面可以成功的。

四、事业方面的成功

事业方面,机会成分占得多。做学问,一人可以做到不需要别的人来帮助,而且做学问到很高深的时候,别人也帮不上忙。孔子作《春秋》,他的弟子们都帮不上忙。李白、杜甫作诗,也没有人能够给他们帮忙,我们更不能帮助科学家来发明。这大都需要他自己去做的。然而,在事业方面,并非一人之力所能达成:

(一)需要有许多人帮忙合作。如大政治家治政、大军事家用兵等。

（二）需要与别人竞争。如打仗有敌手，民主国家竞选总统需要有对手。

总结一句话，还是事业方面成功并非一人之力所能达成。如做一件事，需有多人帮忙，帮助他努力争取，同时，需要对手比他差，才能成功。有时他成，可是遇到的对手比他更成，那时只好失败；有时他不成，可是遇到的对手比他还不成，那时他也能成功。我们从历史上来看，例子很多。比如项羽能力大，偏偏遇到的对手刘邦比他还高明，所以他只好失败。我们看看《垓下歌》："力拔山兮气盖世，时不利兮骓不逝，骓不逝兮可奈何，虞兮虞兮奈若何！""时不利兮"，他毫无办法。有些庸才偏偏成功，史册上很多，不胜枚举。

现在让我提一个故事，纪晓岚《阅微草堂笔记》有这么一段记载：有一个棋迷，有时赢，有时输。一天他遇到神仙，便问下棋有无必赢之法。神仙说是没有必赢之法，却有必不输之法。棋迷觉得能有必不输之法，倒也不错，便请教此法。神仙回答说，不下棋，就必不输。这个故事讲得很有道理。一切事，都是可以成功，可以失败，怕失败就不要做。自己棋高明，难免遇到比自己更高明的对手，则难免失败；自己棋臭，也许遇上比自己棋还臭、臭而不可闻的对手，这时便也可成功。其他事业也是如此。

五、道德方面的成功

道德方面，努力成分占得多。只要努力，不需要天才，不需要机会，只靠大步努力便能在道德方面成为完人。这是什么道理呢？也就是为圣为贤需如何？很简单，只有"尽伦"。所谓"伦"即是人与人的关系，从前有"五伦"：君臣、父子、夫妇、兄弟、朋友。现在不限定五伦。如君臣已随政体的变动而消失。不过人与人的关系却是永远存在。例如现在称同志，也是人与人关系的一种。为父有其为父应做之事，为子有其为子应做之事，应做的就是"道"。所谓君有君道，臣有臣道，父有父道，子有子道，也就是每个人都有他所应做的事。做到尽善尽美，就是"尽伦"。用君臣父子尽其道来比喻，名词虽旧，但意思并不旧。如果以新的话来讲，就是每个人应站在他的岗位上，做他应做的事。那么，为父的应站在为父的岗位上做为父应做的事，为子的应站在为子的岗位上做为子应做的事等等。所以名词新旧没有什么关系，只要意思不旧即可。我们不能为名词所欺骗。有许多人喜欢新名词，听到旧名词君尽君道、臣尽臣道等，立刻表示不赞成。若有人以同样意思改换新名词，拍案大声说："每个人应该站在他的岗位上，做他应做的事。"于是他便高高兴兴地表示赞成了。

道德方面的成功并不需要做与众不同的事。而且，"才"可高可低，高可做大事，低可做小事，不论他才之高低，他只要在他的岗位上做到尽善尽美，就是圣贤。所以道德方面的成功不一定要在社会上占什么高位置，正如唱戏好坏并不以所扮角色的地位高低为转移。例如梅兰芳，并不需扮皇后，当丫鬟也是一样。再者，道德方面的成功也与所做的事的成功失败无关。道德行为与所做之事乃两回事，个人所做之事不影响道德行为的成功。如文天祥、史可法所做的事虽然完全失败，但他们道德行为的价值是完全成功的。更进一步来说，文天祥、史可法如果成功，固然是好，但所做的事成功，对他们道德行为的价值并不增加,仍不过是忠臣;同时,他们失败,对他们道德行为的价值也不减少,仍不失为忠臣。因此道德方面的成功不必十分靠天才,也不十分靠机会,只看努力的程度如何;努力做便成功,不努力做便不成功。这种超越天才与机会的性质,我们称它为"自由",是不限制的自由,并不是普通所说的自由。"人皆可以为尧舜",就是这个意思。不过我们不能说"人皆可以为李杜"或"人皆可以为刘邦、唐太宗"。诸位于此,会发生两个误会:

(一)道德上成功与天才机会无关,那么自己不管自己天资如何,同时,也不必认真做自己所做的事,只要自己道德行为做到好处就成了。不过这是错误的。一个人做事如文天祥、史可法做事,尽心尽力到十二分,则虽失败,亦不影响其道德方面的成功,但他们不尽心尽力,失败固非忠臣,成功也属侥幸,因为他们的"努力"程度影响了他们道德方面的成功。

(二)立德、立功、立言三者划分,实际上乃为讲解方便,其实立德非另外一事,因为立德是每个人做其应做之事,当然立言的人在立言之时可以立德,立功的人在立功之时也可以立德，每个人随时随地都可立德，所以教育家鼓励人最有把握就是"人皆可以为尧舜"，因此立德与立言、立功是分不开的。

  1946年10月在北平夏令营讲学的记录，原载《文华》创刊号